QUESADILLAS KUCHAŘKA PRO KAŽDÝ DEN

100 LAHODNÝCH A KREATIVNÍCH QUESADILL, KTERÉ SI MŮŽETE VYROBIT DOMA

Božena Kotrbová

Všechna práva vyhrazena.

Zřeknutí se odpovědnosti

Informace obsažené v této eKnize mají sloužit jako ucelená sbírka strategií, o kterých autor této eBooku provedl výzkum. Shrnutí, strategie, tipy a triky autor pouze doporučuje a přečtení této e-knihy nezaručí, že výsledky budou přesně odrážet výsledky autora. Autor e-knihy vynaložil veškeré přiměřené úsilí, aby čtenářům e-knihy poskytl aktuální a přesné informace. Autor a jeho spolupracovníci nenesou odpovědnost za jakékoli neúmyslné chyby nebo opomenutí, které mohou být nalezeny. Materiál v eKnize může obsahovat informace od třetích stran. Materiály třetích stran zahrnují názory vyjádřené jejich vlastníky. Autor e-knihy jako takový nepřebírá odpovědnost ani odpovědnost za jakýkoli materiál nebo názory třetích stran.

Elektronická kniha je chráněna autorským právem © 2022 se všemi právy vyhrazenými. Je nezákonné redistribuovat, kopírovat nebo vytvářet odvozené práce z této e-knihy jako celku nebo zčásti. Žádná část této zprávy nesmí být reprodukována nebo znovu přenášena v jakékoli reprodukované nebo znovu přenášené formě v jakékoli formě bez písemného vyjádřeného a podepsaného souhlasu autora.

OBSAH

OBSAH 3

ÚVOD 7

TORTILLY PRO QUESADILLU 8

1. Kukuřičné tortilly 9
2. Tortilly z mandlové mouky 11
3. Nixtamal 13
4. Modré kukuřičné tortilly 16
5. Smažené placičky z kukuřičné mouky 19
6. Gorditas a sopes 22
7. Základní moučné tortilly 26
8. Tortilly z bezlepkové mouky 29
9. Tortilly z hnědé rýže 32
10. Tortilly z batátové nebo dýňové mouky 35
11. Tortilly z černých fazolí 39
12. Tortilly z hnědé rýže 42
13. Míchané obilné tortilly 45
14. Tortilly z prosa a quinoy 48
15. Tortilly z mouky 51
16. Tortilly z mandlové mouky 53
17. Veganské tacos 56
18. Tortilly z koriandrové mouky 59

WAFLED QUESADILLA 62

19. Zelené chilské vafle quesadillas 63
20. Vaflová chorizo-sýrová quesadilla 65
21. Santa Fe klobása vaflovaná quesadilla 68

SNÍDANĚ QUESADILLA 71

22. Snídaně Quesadilla 72
23. Sýrové poblano a slanina quesadilla 74
24. Sýrové vegetariánské quesadillas 77
25. BBQ kachna a quesadilla z lesních hub 80
26. Rychlé a nepředvídatelné quesadilly 83

QUESADILLAS V DOMÁCÍM STYLU..85

27. Špenátový tvarohový sýr Quesadilla...86
28. Quesadillas s jablky a sýrem...89
29. Bramborová quesadilla..92
30. Quesadillas, Piadine & Pita sendviče...95
31. Quesadillas na dýňových tortilách..98
32. Quesadillas s grilovaným ovčím sýrem..102
33. Chile a sýrový předkrm dort..104
34. Kuřecí a sýrové quesadilly...106
35. Garbanzo quesadillas (quesadillas de garbanzo)..........................108
36. Pálivé a pikantní kuřecí quesadillas..110
37. Landonovy quesadilly...113
38. Pinto fazole a feta quesadillas..116
39. BBQ quesadillas..119
40. Italské quesadilly..122
41. Nemožný koláč quesadilla..125
42. Quesadillas z brambor a pečené červené papriky........................127
43. Rychlé kuřecí quesadillas..130
44. Smažené fazolové a kukuřičné quesadillas...................................133
45. Quesadillas s uzeným hovězím hrudníkem..................................136

AUTENTICKÉ MEXICKÉ QUESADILLAS..138

46. Quesadilla ve stylu Luchito...139
47. Fazolové a vepřové quesadilly...142
48. Smetanové kuřecí quesadillas..145
49. Tofu-Tahini zeleninové zábaly..148
50. Dekonstruovaný hummus pitas..151
51. Veganské středomořské zábaly..154
52. Veganská Shawarma..157
53. Křupavé veganské rolky..160
54. Veganské plněné zelňačky..163
55. Veganské nori rolky..166
56. Tofu pitas na kari..169
57. Hummus Veggie Wrap..172
58. Duhové zeleninové obaly...175
59. Quesadillas se salsou..177
60. Fazolové a sýrové quesadilly..180
61. Beef Crunch..183
62. Kuřecí pesto..186

63. Broskve a smetanový dezert taco... 189
64. Špenátové quesadilly... 192
65. Klobása quesadillas z divočáka s červenou salsou... 195
66. Lasagne Quesadilla... 198
67. Sladké bramborové quesadilly... 201
68. Quesadillas s rajčaty a sýrem... 204
69. Lilek, červená cibule a kozí sýr quesadilla... 207

DIPS... 210

70. Sušená rajčata Pomazánka... 211
71. Hummusové sny... 213
72. Quesadilla omáčka / dip... 215
73. Rumová jablečná náplň... 218
74. Dýňová náplň... 221
75. Sladké mascarpone... 224
76. Anglický krém... 226
77. Mexická karamelová omáčka... 229
78. Ananasová omáčka... 232
79. Ovocné piko... 234
80. Avokádová láska... 236
81. Pimiento pomazánka k plnění sendvičů... 238
82. Tofu sendvičová pomazánka... 241
83. Pomazánka na zeleninový sendvič... 244
84. Indická čočková pomazánka... 247
85. Cizrnová pomazánka na sendvič... 249
86. Pomazánka z kari fazolí... 251
87. Salátová sendvičová pomazánka... 254
88. Tofuna sendvičová pomazánka... 257
89. Koriandrová omáčka... 259
90. Mexické zelené sofrito... 262
91. Maso z vepřového masa na mexický způsob... 265
92. Zeleninový dip... 267
93. dip z Vallarty... 269
94. Čerstvá bylinková rajčatovo-kukuřičná salsa... 272
95. Guacamole z bílých fazolí... 274
96. Sladkokyselá pečená paprika... 276
97. Čatní-kari hořčice... 279
98. Hořčice se šalotkou a pažitkou... 281
99. Čerstvá zázvorová hořčice... 283

100. Sluncem zalitá hořčice s citrusy 285

ZÁVĚR **287**

ÚVOD

Quesadilla je mexické jídlo sestávající z tortilly, která je plněná především sýrem a někdy i masem, kořením a dalšími náplněmi a poté se vaří na pánvi nebo sporáku. Tradičně se používá kukuřičná tortilla, ale lze ji udělat i z moučné tortilly.

Plná quesadilla se vyrábí ze dvou tortil, které mezi sebou drží vrstvu sýra. Polovina je jedna tortilla, která byla naplněna sýrem a složena do tvaru půlměsíce.

Quesadilla má svůj původ v koloniálním Mexiku. Quesadilla jako jídlo se měnila a vyvíjela po mnoho let, protože lidé experimentovali s různými jejími variacemi.

Quesadilly se často prodávají v mexických restauracích po celém světě.

TORTILLY PRO QUESADILLU

1. Kukuřičné tortilly

Vyrábí 12 tortill

INGREDIENCE

2 šálky (240 g) masa harina, bílé nebo žluté

2 až 3 polévkové lžíce (16 až 24 g) univerzální, nebělené nebo (18 až 27 g) bezlepkové mouky (volitelně)

1/2 lžičky soli

11/4 až 11/3 šálků (285 až 315 ml) teplé vody (více podle potřeby) nebo tekutiny s příchutí

POKYNY

Ve střední míse rozšlehejte nebo promíchejte masu a mouku, pokud ji používáte, a sůl.

Postupně přidávejte vodu a míchejte vařečkou nebo špachtlí a rukama, dokud se ingredience dobře nepromísí. Hněťte 20 až 30 sekund, dokud nebude těsto pružné. Těsto by mělo být dostatečně vlhké, aby drželo pohromadě. V případě potřeby přidejte další teplou vodu, 1 polévkovou lžíci (15 ml).

Těsto rozdělte na 12 kuliček velikosti golfového míčku, které vytvarujte rukama. Každou kouli těsta vložte do mísy a přikryjte vlhkou utěrkou, aby zůstala vlhká.

Pomocí ručního lisu na tortillu nebo válečku přitlačte nebo vyválejte každou kouli těsta a vařte na 2 rozpálené pánvi nebo na pánvi. Nebo stiskněte a opečte pomocí elektrického lisu na tortilly/toustovače.

.

2. Tortilly z mandlové mouky

Doba vaření: 5 minut

Porce: 8

INGREDIENCE

100 g mleté blanšírované mandlové mouky

4 lžíce kokosové mouky

1 lžička xanthanové gumy

1 lžička prášku do pečiva

1/2 lžičky soli

1 vejce, pokojové teploty, rozšlehané

4 lžíce vlažné vody

POKYNY

1. Do mixéru přidejte vejce, mandlovou mouku, kokosovou mouku, xanthanovou gumu, prášek do pečiva, sůl a vodu a míchejte, dokud se nespojí. Těsto zabalte do plastové fólie a dejte do lednice alespoň na 10 minut..

2. Obě strany lisu na tortilly vyložte pečicím papírem nebo sáčky Ziploc. Z těsta tvarujte kuličky, které jednu po druhé vkládejte do lisu na tortilly. Stiskněte a vytvořte tortilly.

3. Předehřejte litinu na středním plameni. Přidejte tortilly jednu po druhé a opékejte asi 15-20 sekund z každé strany.

3. Nixtamal

Vyrábí 2 libry (910 g) nixtamalu nebo masa, asi 16 tortill

INGREDIENCE

2 šálky (448 g) sušené kukuřice (viz postranní panel), opláchnuté a okapané

2 polévkové lžíce (12 g) hydroxidu vápenatého, neboli „cal" (hašené nebo nakládané vápno)

6 šálků (1,4 l) vlažné vody

1 lžička soli

POKYNY

1. Ve velkém hrnci na mírném ohni smíchejte kukuřici, kal a vodu. Přiveďte k varu, asi 30 až 45 minut. Voda se musí ohřívat pomalu. Jakmile se voda vaří, vypněte teplo a nechte přes noc, 18 až 24 hodin, při pokojové teplotě.

2. Namočenou kukuřici sceďte ve velkém cedníku. Dobře opláchněte studenou vodou.

3. Naplňte hlubokou misku nebo velkou pánev studenou vodou. Přidejte namočenou kukuřici. Rukama otřete kukuřici ve vodě a odstraňte slupky. Slijte vodu, abyste odstranili všechny plovoucí trupy. Doplňte vodou, aby byla kukuřice pokryta, otřete kukuřici a slijte vodu. Opakujte 7 až 10krát, abyste kukuřici oloupali. Když je voda čistá nebo téměř čistá, mise splněna. Nevypouštějte naposledy. V tomto okamžiku máte posole. Posole se používá v mexických dušených pokrmech.

4. Pro masa: Vyloupanou kukuřici rozemelte na hladké těsto s jemnou strukturou (nixtamal) pomocí ručního nebo elektrického mlýnku, metate nebo kuchyňského robotu.

5. K přípravě masa pomocí kuchyňského robota použijte děrovanou lžíci k vypuštění poloviny přebytečné tekutiny a vložte polovinu namočené kukuřice do pracovní mísy vybavené čepelí. Pulzujte 10 až 15krát. Přidejte zbývající kukuřici a 10 až 15krát pulsujte. Přidejte 1 až 2 polévkové lžíce (15 až 28 ml) vody z kukuřice. Protáhněte ještě 8 až 10krát. Mezi pulzováním oškrábejte misku podle potřeby. Přidejte 1 až 2 další polévkové lžíce (15 až 28 ml) vody a sůl. Pulzujte, dokud se nezačne tvořit těsto.

6. Vyklopte na prkénko, párkrát prohněťte a vytvarujte kouli. Zabalte do plastu a nechte 30 minut tuhnout. Rozdělte na kousky o velikosti 11/2 unce (42 g) a vytvarujte 16 kuliček.

7. Pomocí lisu na tortillu přitlačte každou kouli těsta.

8. Vařte na rozpáleném grilu nebo na pánvi.

9. Nebo stiskněte a opečte pomocí elektrického lisu na tortilly/toustovače.

10. Udržujte v teple, dokud nespotřebujete všechno těsto.

4. Modré kukuřičné tortilly

Vyrábí 12 tortill

INGREDIENCE

2 šálky (240 g) modré kukuřičné masa hariny

2 až 3 polévkové lžíce (16 až 24 g) univerzální, nebělené nebo (18 až 27 g) bezlepkové mouky (volitelně)

1/2 lžičky soli

1 1/4 až 1 1/3 šálků (285 až 315 ml) teplé vody (více podle potřeby)

POKYNY

1 Ve střední míse rozšlehejte nebo smíchejte dohromady masu a mouku, pokud ji používáte, a sůl.

2 Přidejte vodu. Míchejte pomocí dřevěné vařečky nebo špachtle a rukama, dokud se všechny ingredience dobře nepromíchají. Hněťte 20 až 30 sekund, dokud nebude těsto pružné. Těsto by mělo být dostatečně vlhké, aby drželo pohromadě. V případě potřeby přidejte teplou vodu po 1 lžíci (15 ml).

3 Těsto rozdělte na 12 kuliček velikosti golfového míčku, které vytvarujte rukama. Každou kouli těsta vložte do mísy a přikryjte vlhkou utěrkou, aby zůstala vlhká.

4 Každou kouli těsta přitlačte nebo vyválejte pomocí ručního lisu na tortillu nebo válečku a vařte na rozpáleném grilu nebo na

pánvi. Nebo stiskněte a opečte pomocí elektrického lisu na tortilly/toustovače.

5 Udržujte v teple, dokud nespotřebujete všechno těsto.

5. Smažené placičky z kukuřičné mouky

Vyrobí 4 porce

INGREDIENCE

2 šálky (240 g) žluté, bílé nebo modré kukuřičné mouky

1 lžička soli

1 šálek (235 ml) vroucí vody

Olej na smažení

POKYNY

1 Ve velké míse smíchejte kukuřičnou mouku a sůl. Postupně vmícháme vroucí vodu. Těsto by mělo být dostatečně vlhké, aby drželo tvar, ale ne příliš měkké. Nechte těsto dostatečně vychladnout, aby se dalo zpracovat, asi 5 minut.

2 Těsto rozdělte na 12 kousků o velikosti golfového míčku a rukama ho vytvarujte.

3 Rukama vyrovnejte každou kouli těsta na placičku o tloušťce 1/2 palce (13 mm). Zatímco se olej zahřívá, přikryjte placičky vlhkou utěrkou.

4 Rozehřejte 1/2 palce (13 mm) oleje v elektrické pánvi na 375 °F (190 °C) nebo použijte těžkou pánev na středně vysokou teplotu a teploměr na cukroví/smažení.

5 Pomocí děrované stěrky opatrně vsuňte 2 až 3 placičky z kukuřičné mouky do horkého oleje. Smažte na jedné straně dozlatova, 3 až 5 minut. Otočte a vařte, dokud obě strany nezezlátnou, další 3 minuty.

6 Nechte okapat na papírových utěrkách. Udržet v teple. Opakujte, dokud nejsou všechny placičky usmažené.

7 Až budete připraveni k podávání, zahřejte 1/2 palce (13 mm) oleje v těžké pánvi na středně vysoké teplotě na 375 °F (190 °C). Placičky vložíme plochou stranou dolů do rozpáleného oleje a zlehka je smažíme do křupava a dozlatova, asi 1 minutu z každé strany. Vyjmeme z oleje, necháme okapat na papírové utěrce a udržujeme v teple. Opakujte, dokud nejsou všechny placičky usmažené.

6. Gorditas a sopes

Vyrábí 12 gordit nebo sopes

INGREDIENCE

2 šálky (240 g) masa harina

1 lžička soli

1 lžička běžného nebo bezlepkového prášku do pečiva (u šopů vynechat)

1 1/2 (355 ml) šálků vody

1/2 šálku (103 g) sádla nebo zeleninového tuku nebo 1/3 šálku (80 ml) rostlinného oleje nebo (75 g) tuhého kokosového oleje

Rostlinný olej, na smažení šopků

POKYNY

1 Předehřejte komal nebo gril na střední teplotu na 350 °F (180 °C) nebo podle pokynů výrobce, pokud používáte elektrický lis/toaster.

2 Ve velké míse smíchejte masu, sůl a prášek do pečiva (pokud používáte pro gorditas), šlehejte nebo míchejte, aby se dobře promíchaly.

3 V malém hrnci na středním plameni smíchejte vodu a sádlo nebo olej. Zahřejte, aby se sádlo rozpustilo. Před smícháním se suchými ingrediencemi odstavte teplo, aby vychladlo na vlažné

4 Vlažnou tekutinu postupně přidávejte k suchým surovinám a hněťte asi 3 minuty. Těsto by mělo mít konzistenci Play-Doh, tvárné a hladké, ale s dostatečnou pružností, aby drželo tvar.

5 Těsto rozdělte na 12 koleček velikosti golfového míčku.

PRO GORDITAS

1 Rukou nebo pomocí lisu tvarujte kuličky do placiček nebo gorditas o tloušťce 1/2 palce (13 mm) o průměru asi 10 cm. Přikryjte vlhkou utěrkou, abyste zabránili vysychání. (Podrobnosti o použití ručního lisu nebo elektrického lisu/gridly naleznete zde. Netlačte tak tenké jako u tortilly.)

2 Předehřátý gril nebo gril lehce potřete olejem.

3 Gorditas opékejte na středním plameni celkem 10 až 12 minut a podle potřeby otočte, aby nezhnědly. Při vaření by měly mírně nafouknout. Gorditas by se měl vařit pomalu, aby vnitřek nebyl příliš těstovitý. Vnější strana by měla mít světle hnědé skvrny.

4 Pro snadnější manipulaci nechte asi 5 minut vychladnout. Podávejte obyčejné nebo rozdělené nožem (jako pita nebo anglický muffin).

PRO SOPES

1 Opakujte pokyny 1 až 5 na předchozí stránce.

2 Rukou nebo pomocí elektrického lisu tvarujte kuličky do 12 (1/3 palce [8 mm] tlustých) placiček nebo špejlí. Přikryjte vlhkou utěrkou, abyste zabránili vysychání. (Podrobnosti o použití ručního lisu nebo elektrického lisu/gridly naleznete zde.) Netlačte tak tenké jako u tortilly. Špunty by měly mít průměr asi 4 palce (10 cm).

3 Předehřátý gril nebo gril lehce potřete olejem.

4 Položte každý řízek na naolejovaný předehřátý gril nebo gril a opékejte asi 1 minutu, nebo dokud těsto nezačne tuhnout. Nepřevařujte, nebo těsto vyschne a popraská. Otočte a vařte dalších 20 až 30 sekund.

5 Pomocí stěrky odstraňte předvařené šopky z grilu. Tortilly zakryjte suchou kuchyňskou utěrkou a ochlaďte 30 až 45 sekund, nebo dokud nevychladnou natolik, aby se daly opatrně zpracovat. Rychle – než příliš vychladnou – otočte okraje nahoru, abyste vytvořili okraj se rty, jako je krusta koláče, aby náplně držely. Přikryjte suchou utěrkou a opakujte, dokud nejsou všechny sopky uvařené a tvarované. To lze provést až 3 nebo 4 hodiny předem.

6 Až budete připraveni k podávání, zahřejte 1/2 palce (13 mm) oleje v těžké pánvi na středně vysokou teplotu na 375 °F (190 °C). Šípky vložíme plochou stranou dolů do rozpáleného oleje a zlehka smažíme do křupava a dozlatova, asi 1 minutu z každé strany. Vyjmeme z oleje, necháme okapat na papírové utěrce a udržujeme v teple. Opakujte, dokud nejsou všechny výpeky smažené.

7. Základní moučné tortilly

Vyrábí 12 (6palcových [15 cm]) tortill

INGREDIENCE

2 hrnky (250 g) univerzální bílé mouky, (240 g) nebělené mouky nebo (240 g) jemně mleté celozrnné mouky (nebo kombinace)

1 lžička prášku do pečiva (volitelně)

1 lžička soli

1/2 šálku (103 g) pevného sádla nebo zeleninového tuku nebo 1/3 šálku (68 g) čerstvého sádla, (80 ml) rostlinného, kukuřičného nebo olivového (nebo požadovaného) oleje nebo (75 g) pevného kokosového oleje

1 šálek (235 ml) horké vody (zde zobrazeno pro přípravu tortilly s příchutí)

POKYNY

1 Ve velké míse smíchejte mouku, prášek do pečiva a sůl. Pomocí vykrajovátka na pečivo nebo pracovní mísy kuchyňského robota vybaveného ostřím nakrájejte sádlo, dokud směs nebude připomínat hrubou strouhanku. Pokud se vám směs zdá příliš suchá, přidejte podle potřeby další tuk nebo sádlo.

2 Pomalu přidávejte horkou vodu za míchání nebo pulzování, abyste vytvořili kouli těsta. Těsto v míse 30x nebo podle potřeby lehce prohněteme, aby vzniklo vláčné, nelepivé těsto. Nebo vyjměte těsto z pracovní mísy kuchyňského robotu a hněťte na lehce pomoučené desce.

3 Uhnětené těsto dejte do mísy nebo na pečicí desku. Přikryjte čistou kuchyňskou utěrkou a nechte 1 hodinu odpočívat. Toto je dobrá zastávka, pokud chcete později podávat čerstvé tortilly. Těsto může odpočívat 4 až 6 hodin, pokud je pevně přikryté vrstvou plastové fólie a ručníkem, aby se zabránilo vysychání. Neuchovávejte v chladničce.

4 Odštípněte kousky a vytvarujte z těsta 12 stejně velkých kuliček. Přikryjte čistou kuchyňskou utěrkou a nechte dalších 20 až 30 minut odpočívat.

5 Když je čas dokončit tortilly, vyválejte každou kouli těsta, dokud nebude velmi tenká (ne tlustší než pevná vazba knihy, tenčí, pokud můžete) pomocí válečku. Přehoďte přes stěny mísy a při vybalování každé tortilly je přikryjte ručníkem.

6 Vařte na rozpáleném grilu nebo na pánvi. Nebo stiskněte a opečte pomocí elektrického lisu na tortilly/toustovače.

7 Udržujte v teple, dokud nespotřebujete všechno těsto.

8. Tortilly z bezlepkové mouky

Vyrábí 12 (6palcových [15 cm]) tortill

INGREDIENCE

2 hrnky (272 g) bezlepkové mouky

1 lžička bezlepkového prášku do pečiva (volitelně)

1 lžička soli

1/2 šálku (103 g) sádla nebo zeleninového tuku nebo 1/3 šálku (68 g) čerstvého sádla, (80 ml) rostlinného, kukuřičného, olivového (nebo požadovaného) oleje nebo (75 g) tuhého kokosového oleje

1 šálek (235 ml) horké vody

POKYNY

1 Ve velké míse smíchejte mouku, prášek do pečiva a sůl. Pomocí vykrajovátka na pečivo nebo pracovní mísy kuchyňského robota vybaveného ostřím nakrájejte sádlo, dokud směs nebude připomínat hrubou strouhanku. Pokud se vám směs zdá příliš suchá, přidejte podle potřeby další tuk nebo sádlo.

2 Pomalu přidávejte horkou vodu za míchání nebo pulzování, abyste vytvořili kouli těsta. Těsto v míse 30x nebo podle potřeby lehce prohněteme, aby vzniklo vláčné, nelepivé těsto. Nebo vyjměte těsto z pracovní mísy kuchyňského robotu a hněťte na lehce pomoučené desce.

3 Uhnětené těsto dejte do mísy nebo na pečicí desku. Přikryjte čistou kuchyňskou utěrkou a nechte 1 hodinu odpočívat. Toto je dobrá zastávka, pokud chcete později podávat čerstvé tortilly.

Těsto může odpočívat 4 až 6 hodin, pokud je pevně přikryté vrstvou plastové fólie a ručníkem, aby se zabránilo vysychání. Neuchovávejte v chladničce.

4 Odštípněte kousky a vytvarujte z těsta 12 stejně velkých kuliček. Přikryjte čistou kuchyňskou utěrkou a nechte dalších 20 až 30 minut odpočívat.

5 Když je čas dokončit tortilly, vyválejte každou kouli těsta, dokud nebude velmi tenká (ne tlustší než pevná vazba knihy, tenčí, pokud můžete) pomocí válečku. Přehoďte přes stěny mísy a při vybalování každé tortilly je přikryjte ručníkem.

6 Vařte na rozpáleném grilu nebo na pánvi. Nebo stiskněte a opečte pomocí elektrického lisu na tortilly/toustovače.

7 Udržujte v teple, dokud nespotřebujete všechno těsto.

9. Tortilly z hnědé rýže

Vyrábí 12 (6palcových [15 cm]) tortill

INGREDIENCE

11/2 šálku (240 g) hnědé rýžové mouky

1/2 šálku (60 g) tapiokové mouky

1/2 lžičky soli

1 šálek (235 ml) vroucí vody

Rostlinný olej dle výběru

POKYNY

1 Ve střední míse prošlehejte mouku z hnědé rýže a tapioky a sůl.

2 Vařečkou postupně vmíchejte vroucí vodu a vytvořte těsto. Těsto v míse prohněteme 20krát. Pokud se vám těsto zdá příliš suché, přidejte po 1 lžíci (15 ml) vodu.

3 Přikryjte vlhkou utěrkou a nechte 10 minut odpočívat.

4 Odštípněte kousky a vytvarujte z těsta 12 stejně velkých kuliček. Přikryjte vlhkou kuchyňskou utěrkou.

5 Každou kouli těsta vyválejte pomocí válečku na velmi tenkou (ne silnější než pevná vazba knihy, pokud možno tenčí). Nebo stiskněte ruční lis na tortillu. Přehoďte přes stěny misky a zakryjte vlhkou utěrkou, zatímco každou tortillu vyvalujete nebo mačkáte.

6 Zahřejte komal nebo gril na středně vysokou teplotu. Když je gril dostatečně rozpálený na to, aby pár kapek vody „tančilo" a

okamžitě se odpaří, bohatě potřete horký povrch rostlinným olejem. Tortilly vařte 1 až 2 minuty na každé straně, dokud se neobjeví světle hnědé skvrny. Opakujte a podle potřeby přidejte další olej, dokud nebudou všechny tortilly uvařené.

7 Udržujte v teple, dokud nespotřebujete všechno těsto.

8 Když jsou všechny tortilly uvařené, dejte je do ohřívače tortil nebo je naskládejte mezi dva talíře. Necháme uležet a v páře asi 10 minut, aby byly měkké a poddajné.

Doporučené použití: Huevos Rancheros se zeleným posolem, quesadilly plněné grilovanou nebo restovanou zeleninou a pečené chilli papričky.

10. Tortilly z batátové nebo dýňové mouky

Vyrábí 12 (6palcových [15 cm]) tortill

INGREDIENCE

2 hrnky (250 g) víceúčelové bílé mouky, (240 g) nebělené mouky nebo (240 g) jemně mleté celozrnné mouky (nebo jejich kombinace)

3 lžičky (14 g) prášku do pečiva

1 lžička soli

1/2 šálku (103 g) sádla nebo zeleninového tuku nebo 1/3 šálku (80 ml) rostlinného, kukuřičného nebo olivového (nebo požadovaného) oleje nebo (75 g) pevného kokosového oleje

3/4 šálku (246 g) batátové kaše (konzervované nebo čerstvé) nebo (184 g) dýňového pyré (konzervované nebo čerstvé)

POKYNY

1/2 šálku (120 ml) horké vody, plus další podle potřeby

1 Ve velké míse smíchejte mouku, prášek do pečiva a sůl.

2 Pomocí cukrářského mixéru, vidličky nebo dvou nožů přimíchejte sádlo nebo tuk, dokud nebude mouka vypadat jako hrubá strouhanka.

3 Postupně přidávejte batáty nebo dýni a horkou vodu za stálého míchání vařečkou, abyste vytvořili kouli těsta.

4 Chcete-li připravit těsto pomocí kuchyňského robota vybaveného čepelí, smíchejte suché přísady v pracovní míse. Přidejte sádlo, pulzujte, aby se spojilo, dokud směs nebude připomínat hrubou strouhanku. Pokud se vám směs zdá příliš suchá, přidejte podle potřeby další tuk nebo sádlo. Postupně přidávejte batáty nebo dýni a vodu, pulzováním vytvořte kouli těsta.

5 Jakmile je těsto vytvořeno, těsto v míse 30krát nebo podle potřeby lehce prohněťte, aby vzniklo vláčné, nelepivé těsto. Nebo vyjměte těsto z pracovní mísy kuchyňského robotu a hněťte na lehce pomoučené desce, jak je uvedeno výše. Pokud je těsto příliš lepivé, přidejte podle potřeby další mouku.

6 Uhnětené těsto dejte do mísy nebo na pečicí desku. Přikryjte čistou kuchyňskou utěrkou a nechte 1 hodinu odpočívat. Toto je dobrá zastávka, pokud chcete později podávat čerstvé tortilly. Těsto může odpočívat až 4 až 6 hodin, pokud je pevně přikryté vrstvou igelitové fólie a utěrkou, aby se zabránilo vysychání. Neuchovávejte v chladničce.

7 Odštípněte kousky a z těsta vytvarujte 12 stejně velkých kuliček. Přikryjte čistou kuchyňskou utěrkou a nechte dalších 20 až 30 minut odpočívat.

8 Když je čas dokončit tortilly, vyválejte každou kouli těsta, dokud nebude velmi tenká (ne silnější než pevná vazba knihy, pokud můžete, tenčí) pomocí válečku. Přehoďte přes stěny mísy a při vybalování každé tortilly je přikryjte ručníkem.

9 Vařte na rozpáleném grilu nebo na pánvi. Nebo stiskněte a opečte pomocí elektrického lisu na tortilly/toustovače.

11. Tortilly z černých fazolí

Vyrábí 12 (6palcových [15 cm]) tortill

INGREDIENCE

1/3 šálku (47 g) mouky z černých fazolí

1/2 šálku (64 g) kukuřičného škrobu

2 polévkové lžíce (16 g) tapiokové mouky

1/2 lžičky soli

2 vejce, lehce rozšlehaná

1 1/2 šálku (355 ml) vody

Rostlinný olej ve spreji podle potřeby

POKYNY

1 Ve střední misce smíchejte mouku z černých fazolí, kukuřičný škrob, tapiokovou mouku a sůl.

2 Pomocí šlehače zašleháme vejce a vodu, dokud nebude těsto bez hrudek. Těsto bude opravdu řídké. Odstavte na 25 až 30 minut, aby zhoustly.

3 Předehřejte 6- nebo 8palcovou (15 až 20 cm) krepovou pánev na 375 °F (190 °C). Upřednostňuje se pánev s nepřilnavým povrchem. Nebo před vařením tortilly lehce potřete vnitřek dna a boků pánve sprejem na vaření.

4 Když je pánev předehřátá, nalijte do pánve 1/4 šálku (60 ml) těsta, krouživým pohybem těsto rovnoměrně rozprostřete a vytvořte kulatou tenkou tortillu. Vařte 45 sekund až 1 minutu nebo dokud těsto neztuhne.

5 Pomocí stěrky otočte tortillu jen tak dlouho, aby se z druhé strany opékala do světle hnědé barvy. Odstraňte na list voskového papíru. Pokračujte se zbývajícím těstem a každou tortillu oddělte listem voskového papíru. Uchovávejte v teple, dokud nebudete připraveni k podávání.

Doporučené použití: Roláda jako mouka Tortilla „Crepes" plněná míchanými vejci a přelitá omáčkou z Nového Mexika Red Chile.

12. Tortilly z hnědé rýže

Vyrábí 12 (6palcových [15 cm]) tortill

INGREDIENCE

11/2 šálku (240 g) hnědé rýžové mouky

1/2 šálku (60 g) tapiokové mouky

1/2 lžičky soli

1 šálek (235 ml) vroucí vody

Rostlinný olej dle výběru

POKYNY

1 Ve střední míse prošlehejte mouku z hnědé rýže a tapioky a sůl.

2 Vařečkou postupně vmíchejte vroucí vodu a vytvořte těsto. Těsto v míse prohněteme 20krát. Pokud se vám těsto zdá příliš suché, přidejte po 1 lžíci (15 ml) vodu.

3 Přikryjte vlhkou utěrkou a nechte 10 minut odpočívat.

4 Odštípněte kousky a vytvarujte z těsta 12 stejně velkých kuliček. Přikryjte vlhkou kuchyňskou utěrkou.

5 Každou kouli těsta vyválejte pomocí válečku na velmi tenkou (ne silnější než pevná vazba knihy, pokud možno tenčí). Nebo stiskněte ruční lis na tortillu. Přehoďte přes stěny misky a zakryjte vlhkou utěrkou, zatímco každou tortillu vyvalujete nebo mačkáte.

6 Zahřejte komal nebo gril na středně vysokou teplotu. Když je gril dostatečně rozpálený na to, aby pár kapek vody „tančilo" a okamžitě se odpaří, bohatě potřete horký povrch rostlinným olejem. Tortilly vařte 1 až 2 minuty na každé straně, dokud se neobjeví světle hnědé skvrny. Opakujte a podle potřeby přidejte další olej, dokud nebudou všechny tortilly uvařené.

7 Udržujte v teple, dokud nespotřebujete všechno těsto.

8 Když jsou všechny tortilly uvařené, dejte je do ohřívače tortil nebo je naskládejte mezi dva talíře. Necháme uležet a v páře asi 10 minut, aby byly měkké a poddajné.

13. Míchané obilné tortilly

Vyrábí 12 tortill

INGREDIENCE

2/3 šálku (80 g) tapiokové mouky

2/3 šálku (107 g) rýžové mouky

1/3 šálku (45 g) čirokové mouky

1/3 šálku (40 g) pohankové mouky

1/2 lžičky bezlepkového prášku do pečiva

3/4 lžičky xanthanové gumy

1 šálek (235 ml) horké vody

1/3 šálku (68 g) sladké rýžové mouky nebo podle potřeby

Rostlinný olej dle výběru

POKYNY

1 Ve velké míse smíchejte tapiokovou, rýžovou, čirokovou a pohankovou mouku, prášek do pečiva a xanthanovou gumu.

2 Vařečkou postupně vmíchejte horkou vodu a míchejte, dokud nevznikne těsto. Pokud je těsto příliš lepivé na to, aby vytvořilo kouli, přidejte po lžících sladkou rýžovou mouku (13 g), abyste získali měkké, nelepivé těsto, které bude držet tvar.

3 Těsto rozdělte na 12 stejně velkých kousků. Rolováním vytvořte koule o velikosti golfového míčku. Vraťte do mísy a přikryjte vlhkou utěrkou.

4 Váleček a kouli těsta lehce posypte rýžovou moukou. Každou kouli těsta vyválejte pomocí válečku do velmi tenkého (ne silnějšího než pevná vazba knihy, tenčí, pokud můžete). Nebo stiskněte ruční lis na tortillu.

5 Zahřejte komal nebo gril na středně vysokou teplotu. Když je gril dostatečně rozpálený na to, aby pár kapek vody „tančilo" a okamžitě se odpaří, bohatě potřete horký povrch rostlinným olejem.

6 Když je olej horký, vložte do něj jednu tortillu. Pohybujte s ním, aby se dno pokrylo olejem; otočte a přesuňte ji tak, aby byla pokryta tato strana.

7 Vařte, dokud tortilla nezačne hnědnout, asi 2 až 3 minuty. Otočte a vařte, dokud druhá strana nezačne hnědnout, další 3 až 4 minuty. Podle potřeby přidejte další olej, abyste uvařili zbývající tortilly.

8 Nechte okapat na papírových utěrkách a udržujte v teple, dokud nespotřebujete všechno těsto.

14. Tortilly z prosa a quinoy

Vyrábí 12 tortill

INGREDIENCE

1/2 šálku (60 g) jáhlové mouky

1/2 šálku (56 g) quinoa mouky

1 šálek (120 g) tapiokové mouky

1 lžička bezlepkového prášku do pečiva

1 lžička xanthanové gumy

1 lžička soli

1 polévková lžíce (20 g) medu nebo agávového sirupu

1/2 šálku (120 g) teplé vody

4 polévkové lžíce (103 g) tuku nebo sádla

POKYNY

1 V míse elektrického mixéru nebo jakékoli středně velké míse smíchejte jáhlovou, quinouovou a tapiokovou mouku, prášek do pečiva, xanthanovou gumu a sůl. Suché ingredience se spojí pomocí elektrického mixéru na nízkou rychlost nebo ručním šleháním

2 Pokud používáte elektrický mixér, přidejte med nebo agáve, teplou vodu a tuk nebo sádlo a míchejte, dokud se kolem šlehačů nevytvoří těsto. Těsto míchejte při střední rychlosti další

minutu. Nebo, pokud to půjdete ručně, použijte dřevěnou lžíci k vmíchání mokrých ingrediencí a mícháním vytvořte měkkou kouli. Hněteme 10 až 20krát. Těsto bude lehce lepivé a pružné.

3 Těsto pevně zabalte do plastové fólie a nechte 30 až 45 minut chladit.

4 Po vychladnutí rozdělte těsto na 12 stejných dílů a z každého vytvarujte kouli. Vraťte do mísy a přikryjte vlhkou utěrkou, abyste zabránili vysychání.

5 Každou kouli těsta vyválejte pomocí válečku na velmi tenkou (ne silnější než pevná vazba knihy, pokud možno tenčí). Nebo stiskněte ruční lis na tortillu. Přehoďte přes stěny misky a zakryjte vlhkou utěrkou, zatímco každou tortillu vyvalujete nebo mačkáte.

6 Zahřejte komal nebo gril na středně vysokou teplotu. Když je gril dostatečně rozpálený na to, aby pár kapek vody „tančilo" a okamžitě se odpaří, bohatě potřete horký povrch rostlinným olejem. Tortilly opékejte 1 až 2 minuty z každé strany. Opakujte a podle potřeby přidejte další olej, dokud nebudou všechny tortilly uvařené.

7 Udržujte v teple, dokud nespotřebujete všechno těsto.

8 Když jsou všechny tortilly uvařené, dejte je do ohřívače tortil nebo je naskládejte mezi dva talíře. Necháme uležet a v páře asi 10 minut, aby byly měkké a poddajné.

15. Tortilly z mouky

Doba vaření: 5 minut

Porce: 10-13

INGREDIENCE

450 g univerzální mouky

3 lžíce studeného zeleninového tuku

1 lžička soli

2 lžičky prášku do pečiva

375 ml vody

POKYNY

1. V míse smíchejte mouku, sůl, prášek do pečiva a zeleninový tuk. Rukama dobře promíchejte, dokud se vše nespojí.

2. Pomalu přidávejte vodu a rukama vypracujte těsto.. Mouka by měla vsáknout tekutinu, mělo by vám vzniknout hladké těsto..

3. Z těsta vytvarujte kuličky, které jednu po druhé vkládejte do lisu na tortilly. Stisknutím vytvoříte tortilly..

Předehřejte litinovou pánev na střední teplotu. Přidejte tortilly jednu po druhé a opékejte asi 30-40 sekund z každé strany.

16. Tortilly z mandlové mouky

Doba vaření: 5 minut

Porce: 8

INGREDIENCE

100 g mleté blanšírované mandlové mouky

4 lžíce kokosové mouky

1 lžička xanthanové gumy

1 lžička prášku do pečiva

1/2 lžičky soli

1 vejce, pokojové teploty, rozšlehané

4 lžíce vlažné vody

POKYNY

1. Do mixéru přidejte vejce, mandlovou mouku, kokosovou mouku, xanthanovou gumu, prášek do pečiva, sůl a vodu a míchejte, dokud se nespojí. Těsto zabalte do plastové fólie a dejte do lednice alespoň na 10 minut..

2. Obě strany lisu na tortilly vyložte pečicím papírem nebo sáčky Ziploc. Z těsta tvarujte kuličky, které jednu po druhé vkládejte do lisu na tortilly. Stiskněte a vytvořte tortilly.

3. Předehřejte litinu na středním plameni. Přidejte tortilly jednu po druhé a opékejte asi 15-20 sekund z každé strany.

17. Veganské tacos

Doba vaření: 15 minut

Porce: 6

INGREDIENCE

260 g masa harina na tortilly

250 ml horké vody

2 lžíce vody, při pokojové teplotě

POKYNY

1. V misce smíchejte masa harina a horkou vodu.. Přikryjte a nechte asi 30 minut odpočívat..

2. Uhněteme těsto, přidáme vodu pokojové teploty. Hněteme, dokud nevznikne hladké těsto..

3. Obě strany lisu na tortilla vyložte pečicím papírem nebo sáčkem Ziploc. Z těsta tvarujte kuličky, které jednu po druhé vkládejte do lisu na tortilly. Stiskněte a vytvořte tortilly.

4. Předehřejte litinu na středním plameni. Přidejte tortilly jednu po druhé a opékejte asi 15-20 sekund z každé strany.

5. Na pánvi předehřejte olej na středním plameni. Přidejte cibuli a jalapeno a opékejte asi 5 minut.

6. Přidejte fazole s tekutinou do hrnce a vařte asi 2-3 minuty na středním plameni za častého míchání.

7. Na každou tortillu rozložte fazole, přidejte chorizo a navrch přidejte cibulovou směs jalapeno.. Podávejte přelité koriandrem..

18. Tortilly z koriandrové mouky

Doba vaření: 15 minut

Porce: 12

INGREDIENCE

256 g čerstvého koriandru, nasekaného

2 hrnky (255 g) univerzální mouky

32 g sádla, nakrájeného

1 lžíce rostlinného oleje

1 lžička košer soli

POKYNY

1. V hrnci na středním plameni dejte vařit asi 1. 2. l vody. . Koriandr vařte ve vodě 1 minutu. Koriandr sceďte a nechte ¾ šálku vařící vody.

2. V mixéru rozmixujte vodu na vaření, koriandr a sůl do hladka, nechte vychladnout.

3. Do mísy přidejte mouku a sádlo a důkladně promíchejte. Přidejte rostlinný olej a poté přidejte ½ šálku koriandrové vody, aby vzniklo těsto. Těsto položte na pracovní plochu a hněťte 5-7 minut.. Nechte asi 30 minut odpočinout..

4.Z těsta vytvarujte kuličky, které jednu po druhé vkládejte do lisu na tortilly. Stiskněte, abyste vytvořili tortilly..

5. Předehřejte litinovou pánev na střední teplotu. Přidejte tortilly jednu po druhé a opékejte asi 30-40 sekund z každé strany.

WAFLED QUESADILLA

19. Zelené chilské vafle quesadillas

VÝTĚŽEK: Připraví 2 quesadilly

INGREDIENCE

Nepřilnavý sprej na vaření

4 moučné tortilly

1 šálek strouhaného sýra mexického typu, jako je queso Chihuahua nebo Monterey Jack

¼ šálku nakrájených konzervovaných zelených chilli papriček

POKYNY

Předehřejte vaflovou žehličku na střední stupeň. Potřete obě strany mřížky vaflovače nepřilnavým sprejem.

Umístěte tortillu na vaflovač a dávejte pozor, protože vaflovač je horký, rovnoměrně rozprostřete polovinu sýra a polovinu zelených chilli papriček po celé tortille, přičemž kolem okraje tortilly ponechejte asi centimetr. Navrch dejte další tortillu a zavřete vaflovač.

Po 3 minutách quesadillu zkontrolujte. Když je sýr roztavený a tortilla má zlatohnědé vafle, je hotová. Vyjměte quesadillu z vaflovače.

20. Vaflová chorizo-sýrová quesadilla

Výtěžek: 2 až 4 porce

INGREDIENCE

1 limetka, odšťavněná

1/4 malé červené cibule, nakrájené na tenké plátky

Špetka košer soli

1 čajová lžička rostlinného oleje a více tortilly

2 unce čerstvého choriza, vyjmuté ze střev

Čtyři 6- až 8-palcové moučné tortilly

2/3 šálku nastrouhaného čedaru

Salsa, zakysaná smetana a nakrájené avokádo k podávání

POKYNY

Smíchejte limetkovou šťávu, cibuli a sůl v malé nereaktivní misce, občas promíchejte. Nechte uležet při pokojové teplotě, dokud cibule nezrůžoví, asi 15 minut.

Zahřejte olej na střední nepřilnavé pánvi na středně vysokou teplotu. Přidejte chorizo a vařte, lámejte vařečkou, dokud nezhnědne, asi 3 minuty.

Předehřejte vaflovou žehličku na středně vysokou. Jednu stranu 2 tortil potřete olejem a položte suchou stranou nahoru na pracovní plochu. Každý posypte 1/3 šálku sýra a poté nakládanou cibulí. Sendvič se zbylými tortillami potřete olejem.

Vložte 1 quesadillu do vaflovače, jemně uzavřete (netlačte dolů) a vařte 4 až 6 minut do zlatohněda a sýra. Opakujte se zbývající quesadillou. Quesadilly nakrájejte na měsíčky a navrch dejte chorizo. Podávejte se salsou, zakysanou smetanou a avokádem.

21. Santa Fe klobása vaflovaná quesadilla

Výtěžek: 5

INGREDIENCE

Odkazy na 1 krabici kuřecí klobásy (10 odkazů)

10 skořápek tortilly

1 tucet vajec

1/4c papriky (nakrájené na kostičky)

1/4 c cibule (nakrájená na kostičky)

1 1/2c Monetary Jack Cheese nebo Cheese of Choice

Nakrájené avokádo na ozdobu

Chipotle Ranch nebo Salsa na máčení

POKYNY

Ve velké pánvi rozklepejte vejce s nakrájenou paprikou, cibulí a kořením. Posaďte se stranou.

Každý článek Jones Dairy Farm All Natural Golden Brown Chicken Sausage přeřízněte na polovinu. Nastavte na stranu.

Předehřejte si vaflovač a postříkejte jej trochou oleje, aby se nepřilepil.

Vložte tortillu do vaflovače a sestavte ji v tomto pořadí:

Přidejte asi 3/4 šálku míchaných vajec

Přidejte trochu sýra

Přidejte 4 rozpůlené články kuřecího párku

Navrch dáme ještě trochu sýra

Navrch přidejte ještě jednu skořápku tortilly

Zavřete vaflovač a vařte 2-3 minuty.

Ponořte se do chipotle rančů nebo salsy.

SNÍDANĚ QUESADILLA

22. Snídaně Quesadilla

INGREDIENCE

1 šálek (240 ml) vaječné náhražky
¼ šálku (56 g) salsy
¼ šálku (30 g) nízkotučného sýra čedar, nastrouhaného
8 kukuřičných tortill

POKYNY

Náhražku míchaných vajec zamíchejte, když je téměř ztuhlá, vmíchejte salsu a sýr. Jednu stranu tortilly lehce postříkejte nepřilnavým olivovým olejem ve spreji a 4 z nich položte naolejovanou stranou dolů na plech.

Vaječnou směs rozdělte mezi tortilly a rozetřete na stejnoměrnou tloušťku. Navrch položte zbývající tortilly, naolejovanou stranou nahoru. Quesadilly grilujte 3 minuty z každé strany, nebo dokud se neprohřejí a nezezlátnou. K podávání nakrájíme na čtvrtiny.

23. Sýrové poblano a slanina quesadilla

SLUŽBA: 4

INGREDIENCE

4 plátky tlusté slaniny nakrájené na čtvrtky

2 papriky poblano, zbavené semínek a nakrájené na tenké plátky

8 velkých moučných tortil

1 šálek drceného pepřového sýra Jack

1 šálek čerstvého baby špenátu, nahrubo nasekaného

1 šálek strouhaného sýra čedar

2 lžíce extra panenského olivového oleje

Nakládaná ananasová salsa Jalapeño

POKYNY

Umístěte slaninu do studené velké pánve na střední teplotu. Vařte, dokud se tuk nerozpustí a slanina nebude křupavá, 4 až 5 minut. Přendejte slaninu na talíř vyložený papírovou utěrkou, aby okapala, tuk si ponechte na pánvi.

Vraťte pánev na oheň, přidejte poblanos a vařte do měkka, asi 5 minut. Papriky přendejte do malé misky.

Rozložte 4 tortilly na čistou pracovní plochu. Každý posypte $\frac{1}{4}$ šálku pepřového sýra Jack a poté rovnoměrně rozdělte špenát, papriky a slaninu mezi 4 tortilly. Dokončete každý $\frac{1}{4}$ šálku sýru čedar a další tortillou.

Vymažeme pánev a na středním plameni rozehřejeme olivový olej. Když se olej třpytí, přidejte quesadilly, jednu po druhé. Vařte, dokud nebude dno křupavé a dozlatova, asi 2 minuty, poté opatrně otočte a vařte, dokud tortilla nezezlátne a sýr se nerozpustí, ještě 2 až 3 minuty.

Podávejte horké se salsou.

24. Sýrové vegetariánské quesadillas

Výtěžek: 4 porce

INGREDIENCE

1 lžíce rostlinného oleje

1/2 střední cibule Vidalia, nakrájená na kostičky

8 uncí bílé knoflíkové houby, nakrájené na kostičky

1 stroužek česneku, nasekaný

1 šálek mražených kukuřičných zrn

3 šálky čerstvého baby špenátu, nakrájeného

1/4 lžičky černého pepře

1/4 lžičky kmínu

2,10palcové celozrnné tortilly

1/3 šálku strouhaného nízkotučného sýra čedar

1/2 šálku hladkého řeckého jogurtu bez tuku

Kůra a šťáva z 1/2 limetky

1/8 lžičky kajenského pepře (volitelně)

POKYNY:

Ve velké pánvi rozehřejte olej na středním plameni. Smažte cibuli, houby a česnek po dobu 5-6 minut, nebo dokud nezměknou. Po přidání kukuřice, špenátu, pepře a kmínu vařte další 1-2 minuty. Odstraňte pánev z ohně.

Složte quesadilly: Chcete-li vyrobit tortilly, položte je na čistou pracovní plochu. Uvařenou zeleninovou směs rozdělte rovnoměrně na polovinu každé tortilly.

Na zeleninu rovnoměrně posypeme sýrem. Přiklopte a přitlačte zbývající polovinu tortilly přes vršek.

Předehřejte pánev na nízkou teplotu. Nastříkejte quesadilly sprejem na vaření a položte je nahoru.

Grilujte 3–4 minuty z každé strany, nebo dokud se sýr nerozpustí a lehce zhnědne.

Smíchejte řecký jogurt, 1/2 limetkové kůry a šťávy a kajenský pepř v malé misce (pokud používáte).

Nakrájejte quesadilly a podávejte je s jogurtovou směsí nahoře. Užívat si!

25. BBQ kachna a quesadilla z lesních hub

Výtěžek: 4 porce

INGREDIENCE

½ šálku Grilovaná kachní stehna; maso odebrané z kosti ze 2 kachních stehýnek bez kůže

1 šálek bbq omáčky z Nového Mexika

½ šálku kuřecího vývaru

½ šálku kloboučků hub shiitake, grilované

3 moučné (6palcové) tortilly

¼ šálku strouhaný Monterey jack

¼ šálku strouhaného bílého čedaru

Sůl a čerstvě mletý pepř

½ šálku Pikantní mangová salsa

POKYNY

Nohy vložíme do kastrolu a potřeme omáčkou. Nalijte vývar kolem nohou. Přikryjte a pečte 3 hodiny při 300 stupních, každých 30 minut podlévejte BBQ omáčkou. Necháme vychladnout a kachní maso obereme.

Připravte oheň na dřevo nebo dřevěné uhlí a nechte ho dohořet na uhlíky.

Umístěte 2 tortilly na pracovní plochu. Na každý rozložte polovinu sýrů, kachnu a žampiony a dochuťte solí a pepřem. Naskládejte 2 vrstvy, zakryjte zbývající tortillou, potřete 1 lžící oleje a rovnoměrně posypte chilli práškem. Může být připraven dopředu až do tohoto bodu a chlazený. Grilujte 3 minuty z každé strany, nebo dokud nejsou tortilly lehce křupavé a sýr se nerozpustí.

Nakrájejte na čtvrtky a podávejte horké, ozdobené salsou.

26. Rychlé a nepředvídatelné quesadilly

INGREDIENCE

2 10" tortilly

2 lžíce omáčky na pizzu

1 unce strouhaného sýra čedar

1 unce strouhaného sýra mozzarella

8 plátků feferonky

Sprej na vaření

POKYNY:

Na středně velké pánvi smažte feferonky do křupava. Sundejte z pánve a dejte stranou. Vytřete pánev papírovou utěrkou.

Na talíř položte jednu tortillu a potřete ji dvěma lžícemi pizzové omáčky.

Navrch omáčky nasypeme polovinu strouhaného čedaru a sýr mozzarella.

Na sýr položte smažené feferonky.

Posypte zbylým sýrem feferonky a zakryjte zbývající tortillou.

Postříkejte pánev sprejem na vaření a předehřejte na středním ohni.

Opatrně vložte quesadillu do pánve a opékejte tři až čtyři minuty z každé strany, nebo dokud se sýr nerozpustí a tortilly nebudou lehce opečené a křupavé.

QUESADILLAS V DOMÁCÍM STYLU

27. Špenátový tvarohový sýr Quesadilla

3 slouží

INGREDIENCE

10-15 nakrájených špenátových listů

2 hrnky pšeničné mouky

Sůl podle chuti

150-200 g tvarohu (Paneer)

1 malá nadrobno nakrájená kapie

1 malé nadrobno nakrájené rajče

1 malá najemno nakrájená cibule

1 lžička červeného chilli prášku

1 lžička koriandrového prášku

1/2 lžičky kurkumového prášku

1 lžička garam masala

1 lžička Kasuri methi

1 čajová lžička sušeného mangového prášku

2 lžíce oleje na kynutí těsta

2 lžičky oleje na Paneer Stuff

2 lžičky semínek kmínu

Ghí na pečení Quesadilly

POKYNY

Vezměte pšeničnou mouku, přidejte nakrájené listy špenátu, sůl, 2 lžíce oleje a 1 lžičku semínek kmínu a vypracujte polotuhé těsto a nechte minimálně 15-20 minut odpočívat.

Nyní připravte tvarohovou nádivku. Vezměte pánev, přidejte olej a římský kmín a nyní orestujte cibuli, rajčata a kapii, každý jeden po druhém.

Vše orestujte, přidejte sůl a všechno koření, nyní přidejte nakrájený paneer a nakonec přidejte Kasuri methi a dobře promíchejte a nechte stranou

Nyní připravte středně velkou Quesadillu z těsta a pečeně otočením obou stran

Naplňte Paneer nádivkou, pokud chcete, přidejte sýr a znovu je opékejte na ghí, dokud nebudou mít zlatou barvu a křupavé

28. Quesadillas s jablky a sýrem

15 minut

INGREDIENCE

1/4 šálku hnědého cukru, zabalené

1/4 šálku másla

1 lžička mleté skořice

1/4 lžičky mletého muškátového oříšku

1/4 lžičky mletého nového koření

1/4 lžičky mletého zázvoru

1/4 lžičky soli

2 Medově křupavá jablka, oloupaná, zbavená jádřinců a nakrájená na tenké plátky

2 obchod koupil moučné tortilly

100 g gruyere (nebo jiného taveného, jemného sýra)

POKYNY

Přidejte hnědý cukr a máslo do malého hrnce. Dejte na mírný oheň a nechte rozpustit cukr a máslo. Přidejte koření, sůl a jablka a stáhněte plamen na středně nízký. Vařte asi 10 minut za občasného míchání, dokud jablka nezměknou, ale nejsou kašovitá. Sundejte hrnec z ohně a nechte pár minut stát, dokud nebude pokojová teplota.

Přidejte malý kousek másla do velké nepřilnavé pánve na středně nízké teplotě. Vložíme do tortilly a posypeme polovinou sýra pouze na jednu stranu tortilly. Na to přidejte polovinu vařených jablek a poté přeložte druhou polovinu tortilly, aby vytvořila půlměsíc. Nechte smažit 1 až 2 minuty, dokud nezezlátne a nezhnědne, poté opatrně otočte a opékejte druhou stranu. Opakujte pro druhou tortillu. Osmažené tortilly nakrájejte na 2 nebo 3 kusy a podávejte s kapkou jablečného karamelu.

29. Bramborová quesadilla

Udělá 8 quesadill

INGREDIENCE

PRO TĚSTO

2 hrnky mouky

2 lžíce cukru

1 lžička soli

2 lžíce oleje

2 šálky vody

PRO NÁPLŇ

2 šálky vařených brambor

kostka koření

Kmín

Koriandr

Paprika

Zázvorová/česneková pasta

Černý pepř

Kari

Petržel

Zelený pepř

Skotská kapota

Sýr mozzarella

POKYNY

Všechny ingredience na těsto smícháme. Na pánev přidejte olej a nalijte těsto, poté smažte z každé strany, dokud nebude hotové

Bramborovou kaši a přidejte petržel, skotskou čepici, zelenou papriku a koření a kostku koření. Vše smíchejte dohromady, dokud se nespojí

Přidejte náplň do obalu a vložte sýr, poté přikryjte a zahřívejte na pánvi, aby se sýr na 2 minuty rozpustil.

30. Quesadillas, Piadine & Pita sendviče

SLUŽBA 4

INGREDIENCE

12 uncí čerstvého kozího 3 stroužků česneku, nakrájeného

Asi 1-palcový kousek čerstvého zázvoru, hrubě nasekaný (asi 2 lžičky)

3-4 lžíce nahrubo nasekaných lístků čerstvé máty

3-4 lžíce nahrubo nasekaného čerstvého koriandru

3 lžíce bílého jogurtu

½ lžičky cukru nebo podle chuti velká špetka soli

Několik dobrých koktejlů Tabasca nebo jiné pálivé omáčky nebo ½ čerstvého chilli, nakrájeného

8 moučných tortil

Sýr s kůrou, jako je Lezay nebo Montrachet, nakrájený na plátky silné ½ až ¾ palce

Olivový olej na potírání tortilly

POKYNY

V kuchyňském robotu nebo mixéru prolisujte česnek se zázvorem, poté přidejte mátu, koriandr, jogurt, cukr, sůl a horkou omáčku. Vířejte, dokud se nevytvoří zelená, mírně hrubá pasta.

Rozložte 4 tortilly a potřete je nejprve směsí koriandru a máty, poté vrstvou kozího sýra a navrch dejte ostatní tortilly.

Lehce potřete vnější stranu každého sendviče olivovým olejem a jeden po druhém vařte na těžké nepřilnavé pánvi na středním ohni. Několik minut opékejte, dokud nejsou místy lehce zlatavé, během vaření je trochu přitlačte stěrkou.

Opatrně otočte pomocí špachtle; když je druhá strana skvrnitá hnědou a zlatou, sýr by se měl roztavit. Vyjměte z pánve a nakrájejte na měsíčky.

Ihned podávejte.

31. Quesadillas na dýňových tortilách

SLUŽBA 4

INGREDIENCE

2 velké jemně zelené chilli, jako je Anaheim nebo poblano, nebo 2 zelené papriky

1 cibule, nakrájená

2 stroužky česneku, nakrájené

1 lžíce extra panenského olivového oleje

1 libra libového mletého hovězího masa

1/8-¼ lžičky mleté skořice nebo podle chuti

¼ lžičky mletého kmínu Špetka mletého hřebíčku nebo nového koření

1/3 šálky suchého sherry nebo suchého červeného vína

¼ šálku rozinek

2 lžíce rajčatového protlaku

2 lžíce cukru

Několik koktejlů červeného vína nebo sherry octa

Sůl

Černý pepř

Několik koktejlů cayenne nebo Tabasco, pokud používáte papriku místo chilli

¼ šálku nahrubo nasekaných mandlí

2-3 lžíce nahrubo nasekaného čerstvého koriandru plus navíc na ozdobu

8 dýňových tortill

6-8 uncí jemného sýra, jako je Jack, manchego nebo Mezzo Secco

Olivový olej na potírání tortilly

Asi 2 lžíce zakysané smetany na ozdobu

POKYNY

Chilli nebo papriky opékejte na otevřeném plameni, dokud nebudou lehce a rovnoměrně po celém povrchu zuhelnatělé. Vložte do plastového sáčku nebo misky a zakryjte. Odstavte alespoň na 30 minut, protože pára pomáhá oddělit slupky od dužiny.

Připravte picadillo: Na olivovém oleji orestujte na středním plameni cibuli a česnek, dokud nezměknou, poté přidejte hovězí maso a společně vařte, za stálého míchání a vaření maso nalámejte. Když je maso na skvrnách opečené, posypeme skořicí, kmínem a hřebíčkem a dále vaříme a mícháme.

Přidejte sherry, rozinky, rajčatový protlak, cukr a ocet. Vařte společně asi 15 minut, občas promíchejte; pokud se vám zdá suché, přidejte trochu vody nebo více sherry. Dochuťte solí,

pepřem a kajenským pepřem a dochuťte cukrem a octem podle chuti. Přidejte mandle a koriandr a dejte stranou.
Papriky zbavte slupky, stonků a semínek a poté papriky nakrájejte na proužky.
Vyložte 4 tortilly a potřete picadillo. Přidejte proužky pečené papriky, poté vrstvu sýra a na každý dejte druhou tortillu. Pevně je zatlačte, aby držely pohromadě.
Rozpalte těžkou nepřilnavou pánev na středně vysokou teplotu. Vnější strany quesadillas lehce potřete olivovým olejem a přidejte je na pánev, pracujte po dávkách.
Snižte teplotu na středně nízkou, na jedné straně opečte a v případě potřeby opatrně otočte pomocí špachtle s vedením z ruky. Opékáme na druhé straně dozlatova a sýr se rozpustí. Ihned podáváme, nakrájené na měsíčky, ozdobené kopečkem zakysané smetany a koriandrem.

32. Quesadillas s grilovaným ovčím sýrem

SLUŽBA 4

INGREDIENCE

8 velkých moučných tortil

1 lžíce nasekaného čerstvého estragonu

2 velká zralá rajčata, nakrájená na tenké plátky

8-10 uncí mírně suchého ovčího sýra

Olivový olej, na potření tortilly

POKYNY

Tortilly vyložte na pracovní plochu, posypte estragonem a navrstvěte rajčata. Navrch dejte sýr a každou přikryjte druhou tortillou.
Každý sendvič potřete olivovým olejem a na středním ohni rozpalte těžkou nepřilnavou pánev nebo plochý gril. Postupně vařte quesadillu na jedné straně; když je lehce opečený dozlatova a sýr se rozpouští, otočte jej a opékejte druhou stranu a během vaření přitlačte, aby se zploštil.
Ihned podáváme, nakrájíme na měsíčky.

33. Chile a sýrový předkrm dort

Výtěžek: 16 porcí

PŘÍSADA

15 uncí chlazených koláčových kůrek Pillsbury; 1 balení

1 šálek strouhaného sýra čedar

1 šálek strouhaného sýru monterey jack

4 unce staré el paso nakrájené zelené chilli papričky; vyčerpaný

¼ lžičky chilli prášek

1 šálek staré tlusté el paso n robustní salsy

POKYNY

Nechte oba sáčky s kůrkou stát při pokojové teplotě po dobu 15 až 20 minut.

Zahřejte troubu na 450 F. Rozložte jednu kůrku na nenamazaný plech; vyjměte plastové fólie a vytlačte čáry ohybu. Posypte sýry přes kůrku do ½ palce od okraje; posypeme zelenými chilli papričkami. Rozbalte zbývající kůru; vyjměte plastové fólie a vytlačte čáry ohybu. Umístěte na chilli papričky.

Utěsněte okraje vidličkou; vrchní kůrku velkoryse propíchněte vidličkou. Posypte chilli práškem.

Pečte při 450 F. po dobu 10 až 15 minut nebo do zlatohnědé. Nechte 5 minut odstát. Nakrájejte na klínky; podáváme se salsou.

34. Kuřecí a sýrové quesadilly

Výtěžek: 6 porcí

PŘÍSADA

1 balení strouhaného sýra Monterey Jack (8 oz)

1 balení strouhaného sýra mozzarella (8 oz)

6 velkých moučných tortill

¼ libry kozího sýra

¾ šálku nakrájených grilovaných kuřecích prsou

½ šálku nastrouhané čerstvé bazalky

Černé fazole a kukuřičná salsa

POKYNY

Sýry Jack a mozzarella vložte do plastového sáčku nebo misky s horní částí a protřepejte, aby se spojily. Umístěte 3 tortilly na talíř odolný vůči mikrovlnné troubě. Na tortilly nasypeme sýrovou směs. Potřeme kozím sýrem a kousky kuřete, navrch posypeme bazalkou se zbylými tortillami. Mikrovlnná trouba 1-2 minuty na HIGH, jednou otočení. Ihned podávejte s černými fazolemi a kukuřičnou salsou.

35. Garbanzo quesadillas (quesadillas de garbanzo)

Výtěžek: 1 porce

PŘÍSADA

2 šálky Masa de maiz

1 šálek vařených garbanzo fazolí; (cizrna)

2 červené chilli anchos

1 šálek fresky Queso;

1 šálek zakysané smetany

Sádlo

Sůl a pepř

POKYNY

Namočte, uvařte a oloupejte garbanzos.

Chilli vydlabejte, namočte a zkapalněte. Smíchejte garbanzos s chilli a kukuřičným těstem. Osolíme a opepříme.

Vytvarujte malé tortilly a doprostřed dejte malé množství sýra. Přeložíme je do quesadillas a opečeme na sádle. Podávejte se zakysanou smetanou.

36. Pálivé a pikantní kuřecí quesadillas

Výtěžek: 4 porce

PŘÍSADA

2 lžičky olivového oleje

2 Kuřecí prsa bez kosti, nakrájená na nudličky

2 lžíce chilli omáčky

1 paprička Jalapeno, zbavená semínek a nakrájená na kostičky

4 osmipalcové moučné tortilly

1 šálek strouhaného sýra Cheddar

4 lžičky řepkového oleje nebo obyčejného rostlinného oleje

POKYNY

Předehřejte Calphalon Solo Griddle na středním plameni na sporáku. Na rozpálenou pánev přidejte olivový olej. Vložte kuřecí nudličky, chilli omáčku a papričku jalapeňo do pánve a opékejte, dokud se neuvaří, cca. 3-5 minut. Odebrat a rezervovat.

Kuřecí směs položte na jednu polovinu každé ze 4 moučných tortil. Posypeme sýrem a přehneme tak, aby vznikl půlkruh.

Znovu předehřejte Calphalon Solo Griddle na středním stupni. Namažte povrch vaření jednou čajovou lžičkou řepkového oleje. Umístěte naplněnou tortillu na varnou plochu. Vařte do světle hnědé. Otáčet se. Opakujte s dalšími třemi tortillami. Každou tortillu nakrájejte na tři měsíčky a podávejte se salsou a černými fazolemi.

37. Landonovy quesadilly

Výtěžek: 4 porce

PŘÍSADA

1 avokádo; oloupané a nakrájené na kostičky

1 šťáva z jednoho citronu

1 lžička mletého česneku

1 sůl; ochutnat

1 čerstvě mletý černý pepř; ochutnat

8 moučných tortil

1 šálek pyré z černých fazolí

4 unce sýru monterey jack

1 olivový olej

½ šálku připravené salsy

½ šálku zakysané smetany

POKYNY

Předehřejte troubu na 400 stupňů. Smíchejte avokádo, citronovou šťávu a česnek v mixovací nádobě. Pomocí vidličky směs rozmačkejte, dokud nebude hladká, ale stále hrubá. Ochuťte guacamole solí a pepřem.

Na dno jedné tortilly rozetřete ¼ šálku pyré z černých fazolí.

Na pyré z černých fazolí posypeme ¼ sýra. Na sýr položte druhou tortillu. Postup opakujte, dokud nespotřebujete všechny ingredience a nezískáte čtyři quesadilly. Quesadilly položte na plech vyložený pečicím papírem. Quesadilly pečte asi 4 až 6 minut nebo dokud se sýr nerozpustí. Vyjměte pánev z trouby a položte na prkénko.

Každou quesadillu nakrájejte na čtvrtiny. Ozdobte quesadilly guacamole, salsou a zakysanou smetanou.

38. Pinto fazole a feta quesadillas

Výtěžek: 8 porcí

PŘÍSADA

16 uncí fazolí Pinto; vyčerpaný

¾ šálku červené cibule; sekaný

½ šálku petrželky; jemně nasekané

1 paprička Jalapeno; jemně nasekané

1½ lžičky chilli prášek

½ lžičky mletého kmínu

8 Moučné tortilly

4 lžíce sýra Feta; rozpadl se

1 lžička řepkového oleje

Netučná zakysaná smetana

Čerstvá salsa

POKYNY

Smíchejte prvních šest ingrediencí v procesoru. Pomocí zapínání/vypínání zpracujte, dokud nebude velmi hrubá.

Dochuťte solí a pepřem. (Lze připravit 1 den předem, přikrýt a vychladit.)

Umístěte 1 tortillu na pracovní plochu. Potřete trochou fazolové směsi. Navrch dejte sýr feta a přeložte napůl. Rozpálíme nepřilnavou pánev a postříkáme zeleninovým sprejem. Přidejte $\frac{1}{4}$ lžičky oleje a quesadillu. Vařte, dokud se fazole nezahřejí, asi 4 minuty z každé strany. Opakujte s ostatními tortillami.

Nakrájejte na měsíčky a podávejte se salsou a kopečkem zakysané smetany bez tuku.

39. Bbq quesadillas

Výtěžek: 4 porce

PŘÍSADA

2 stroužky česneku

1 lžička Rostlinný olej

16 uncí Trhané vepřové maso, nakrájené najemno

2 lžičky bazalky, sušené

$\frac{1}{2}$ lžičky černého pepře

1 lžíce másla, změkl

4 moučné tortilly (8 palců)

2 šálky Kraft's Monterey Jack Cheese, Shredded

POKYNY

Při prohledávání receptů na rychlé vaření Taste of Home, které mi poslali, jsem našel níže uvedené rychlé recepty. Obojí jsem si upravil podle svého gusta a oboje včera večer vyzkoušel. Příprava a podávání obojího mi trvalo asi 30 minut. Pochválili se a byli tak chutní, chci se o ně podělit.

Na střední pánvi orestujte česnek, dokud nezměkne. Vmícháme nadrobno nakrájené vepřové maso nebo hrudí, bazalku a pepř. Vařte na středním plameni, dokud se nezahřeje.

Mezitím potřete jednu stranu každé tortilly máslem. Tortilly položte máslem dolů na pánev. Každý posypte ½ šálku sýra. potřete ½ šálku směsi uzeného masa na ½ každé tortilly a přiklopte a opékejte na mírném plameni jednu až dvě minuty z každé strany.

Nakrájejte na klínky; podáváme se salsou nebo quacamole.

40. Italské quesadilly

Výtěžek: 4 porce

PŘÍSADA

4 švestková rajčata, nakrájená nadrobno

½ šálku bazalkových listů, nakrájených na tenké proužky

¼ šálku olivového oleje

Balzámový ocet

Sůl a pepř

1 libra Čerstvě nastrouhaný sýr mozzarella, částečně odstředěné nebo plnotučné mléko

½ šálku sýra Ricotta, částečně odstředěné nebo plnotučné mléko

4 Nakrájené zelené cibule, nakrájené na tenké plátky

¼ šálku vypeckovaných oliv naložených na jemné plátky

1 šálek marinovaných artyčokových srdíček, nasekaných nadrobno

Drcené vločky červené papriky, podle chuti

8 Moučné tortilly

Rostlinný olej na vaření quesadillas, volitelně

¼ šálku pražených piniových oříšků, volitelné

POKYNY

V mixovací misce smíchejte rajčata, bazalku, olivový olej a podle chuti dochuťte balzamikovým octem, solí a pepřem.

V míse smíchejte mozzarellu, ricottu, zelenou cibulku, olivy a artyčoková srdíčka; dochutíme solí a drcenými vločkami červené papriky.

Naneste trochu směsi na jednu polovinu každé tortilly, ponechte asi ¼ palce mezi náplní a okrajem tortilly. Každou tortillu přeložte napůl. Tortilly opékejte na troše rostlinného oleje asi minutu po stranách, dokud nezezlátnou a sýr se nerozpustí; udržujte v teple v nízké troubě, dokud nebudete připraveni k podávání. Navrch dejte rajčata, bazalku a piniové oříšky.

Alternativní způsob, jak to udělat, je předehřát troubu na 450 stupňů. Tortilly potřeme nádivkou po celém povrchu, aniž bychom je skládali. Dejte je na plech a pečte 5 minut nebo dokud se sýr nerozpustí. Přiklopíme a podáváme s polevou.

Zvláště dobré pro děti: odložte si trochu obyčejné mozzarelly smíchané s ricottou a naplňte dětské tortilly touto, spíše než složitější náplní.

41. Nemožný koláč quesadilla

Výtěžek: 6 porcí

PŘÍSADA

2 plechovky Zelené chilli

4 unce. vyčerpaný

4 šálky strouhaného sýra čedar

2 šálky mléka

1 šálek Bisquick

4 vejce

POKYNY

Zahřejte troubu na 425 °C. Vymažte koláčový plech, 10 palců. Na talíři posypeme chilli a sýrem. Zbývající ingredience šlehejte do hladka, 15 sekund. v mixéru při vysoké rychlosti nebo 1 min. s ručním šlehačem. Nalijte na koláčový talíř. Pečte asi 25-30 minut, nebo dokud nůž zasunutý do středu nevyjde čistý. Chladněte 10 minut. Podávejte se zakysanou smetanou a quacamole.

42. Quesadillas z brambor a pečené červené papriky

Výtěžek: 6 porcí

PŘÍSADA

2 střední brambory

1 střední červená paprika

1 velká chilli papričaka Jalapeno

2 lžičky rostlinného oleje

1 malá cibule; na kostičky

2 stroužky česneku; mletý

1 lžíce limetkové šťávy; nebo červený vinný ocet

1 lžíce mletého koriandru

½ šálku Nízkotučného nakrájeného ostrého sýra Cheddar

Sůl a černý pepř

4 střední tortilly z mouky bez tuku; šestipalcový průměr

POKYNY

Brambory vařte nebo vařte v páře 35 minut nebo do změknutí. Nechte je vychladnout, poté je oloupejte a nakrájejte na osminky.

Papriku a chilli papričky svisle rozpůlte a odstraňte stonky, semínka a blány. Rozřízněte každý konec tak, aby papriky ležely co nejrovněji, pak položte poloviny kůží nahoru na rošt na brojlery a stojan umístěte do blízkosti brojleru. Papriky opékejte, dokud slupka rovnoměrně nezhnědne a dužina nezměkne, asi 10 minut. Vyjměte, vložte papriky do papírového sáčku nebo zakryté nádoby a uzavřete. Nechte 15 minut napařit a vychladnout. (Papriky se tak snáze loupou.) Nožem stáhněte a vyhoďte připálenou slupku a pak papriky nakrájejte na kostičky.

Předehřejte troubu na 450 stupňů. Rozehřejte olej ve velké nepřilnavé pánvi na středně vysokou teplotu. Přidejte cibuli, česnek a brambory a opékejte, dokud cibule a brambory lehce nezhnědnou. Přendejte do mísy a krátce rozmačkejte. Přidejte papriky, limetkovou šťávu, koriandr a sýr. Dochuťte solí a pepřem a dobře promíchejte.

Na vymazaný plech položte 2 tortilly. Na každý položte jednu polovinu bramborové směsi a špachtlí pevně poklepejte do $\frac{1}{2}$ palce od okraje tortilly. Každou tortillu přikryjte druhou a pevně přitlačte na místo. Pečte 5 minut z každé strany. Každou hromádku tortilly nakrájejte na 6 klínků a podávejte horké.

43. Rychlé kuřecí quesadillas

Výtěžek: 1 porce

PŘÍSADA

4 velké moučné tortilly

½ šálku konzervovaných smažených fazolí

½ šálku salsy

¾ libry Pečené kuřecí maso; sekaný

4 zelené cibule; sekaný

1 šálek sýra Cheddar

½ šálku odtučněné zakysané smetany

2 šálky salátu; skartované

2 střední rajčata; sekaný

Příprava: 10 minut, vaření: 5 minut.

POKYNY

Zapněte brojlera. Tortilly naaranžujte na plech. Na tortilly rozprostřete smažené fazole. Přidejte salsu, poté navrstvěte kuřecí maso, cibuli a sýr.

Vložte plech pod brojler na 1-2 minuty, nebo dokud se sýr nerozpustí a tortilly nebudou křupavé. Podáváme přelité zakysanou smetanou, hlávkovým salátem a rajčaty.

44. Smažené fazolové a kukuřičné quesadillas

Výtěžek: 4 porce

PŘÍSADA

½ šálku zmrazených kukuřičných zrn, rozmražených

2 lžíce zelené cibule, nakrájené na plátky

¼ lžičky kmínu

16 uncí smažených fazolí (bez tuku)

8 moučných tortil (bez tuku)

¾ šálku sýra čedar, odtučněný

Sprej na vaření zeleniny

½ šálku odtučněné zakysané smetany

1 Jalapeno - mleté

POKYNY

Smíchejte první čtyři ingredience ve střední misce a dobře promíchejte. Rozprostřete asi ½ šálku fazolové směsi na každou ze 4 tortillií a navrch každou položte 3 lžíce sýra a zbývající tortilly.

Velkou nepřilnavou pánev potřete sprejem na vaření a položte na středně vysokou teplotu, dokud nebude horká. Přidejte 1 quesadillu a opékejte 3 minuty z každé strany nebo dozlatova. Vyjměte quesadillu z pánve, dejte stranou a udržujte v teple. Postup opakujte se zbývajícími quesadillas.

Každou quesadillu nakrájejte na 4 měsíčky. Podávejte teplé se zakysanou smetanou. Ozdobte zakysanou smetanou a mletým jalepenosem.

45. Quesadillas s uzeným hovězím hrudníkem

Výtěžek: 1 porce

PŘÍSADA

4 8palcové moučné tortilly

1 šálek sýra Taco nebo směsi Colby a Monterey Jack

1 šálek Nakrájené uzené hovězí hrudí; (nebo použijte uvařený rostbíf ochucený mesquite barbeque kořením)

¾ šálku robustní rajčatové salsy nebo pochutiny

Guacamole

POKYNY

Předehřejte BBQ gril na střední (350 stupňů). Z jedné strany každé tortilly lehce potřete rozpuštěným margarínem. Umístěte margarín stranou dolů na grilovací rošt.

Sýr rozdělte rovnoměrně na polovinu každé tortilly, poté hovězí maso a salsu.

Tortilly přeložte přes sýrovou směs a grilujte 30 sekund. Otočte a grilujte 1 minutu, aby se sýr rozpustil a hovězí maso se prohřálo.

Odstraňte z tepla. Každou quesadillu nakrájejte na 3 kusy a podávejte s guacamole a zakysanou smetanou.

AUTENTICKÉ MEXICKÉ QUESADILLAS

46. Quesadilla ve stylu Luchito

ČAS PŘÍPRAVY 5 minut

DOBA VAŘENÍ 5 minut

SLUŽBA 6

INGREDIENCE

CRISPY CHORIZO:

1 lžička olivového oleje

60 g / 2 oz vaření chorizo, jemně nasekané

1 červená cibule, nakrájená na tenké plátky

1 lžička Gran Luchito Chipotle Honey

QUESADILLAS:

6 zábalů Gran Luchito Soft Taco

150 g / 5 oz strouhaného čedaru

150 g / 5 oz strouhaného gruyere

1 sklenice Gran Luchito Tomatillo Salsa

POKYNY

Na pánvi na středním plameni rozehřejte olivový olej a orestujte na něm chorizo a cibuli.

Přidejte Chipotle Honey a nechte ho zkaramelizovat a lehce zkřupnout, poté pánev stáhněte z plotny a nechejte uležet.

Přidejte do Soft Taco Wraps pořádné množství strouhaného sýra a karamelizovanou cibuli chorizo a přeložte napůl.

Vařte quesadilly na rozpálené pánvi a nechte teplo dělat své kouzlo, dokud nebudou z obou stran zlatavě hnědé a sýr se nerozpustí.

Podávejte se salsou Gran Luchito Tomatillo.

47. Fazolové a vepřové quesadilly

Doba vaření: 5 minut

Porce: 4

INGREDIENCE

450 g univerzální mouky

3 lžíce studeného zeleninového tuku

1 lžička soli

2 lžičky prášku do pečiva

375 ml vody

1 plechovka (580 g) pečené fazole s příchutí BBQ a trhané vepřové maso

225 g sýra čedar, nastrouhaného

125 ml zakysané smetany

2 lžičky rostlinného oleje

POKYNY

1.V míse smíchejte mouku, sůl, prášek do pečiva a zeleninový tuk. Rukama dobře promíchejte, dokud se vše nespojí.

2.Pomalu přidávejte vodu a rukama vypracujte těsto.. Mouka by měla vsáknout tekutinu, mělo by vám vzniknout hladké těsto..

3.Z těsta vytvarujte kuličky, které jednu po druhé vkládejte do lisu na tortilly. Stisknutím vytvoříte tortilly..

4. Předehřejte litinovou pánev na střední teplotu. Přidejte tortilly jednu po druhé a opékejte asi 30-40 sekund z každé strany.

5.Fazole nasypte do misky a rozmačkejte vidličkou.

6. Položte tortilly na rovný povrch a okraje potřete vodou, poté přidejte fazole a sýr na polovinu každé strany. Přeložte a okraje přitiskněte, aby se uzavřely.

7. V pánvi rozehřejte olej na středně vysokou teplotu a poté opékejte jednu tortillu za druhou asi 3 minuty z každé strany. Nechte trochu vychladnout, podávejte se zakysanou smetanou

48. Smetanové kuřecí quesadillas

Doba vaření: 15 minut

Porce: 6

INGREDIENCE

450 g univerzální mouky

3 lžíce studeného zeleninového tuku

1 lžička soli

2 lžičky prášku do pečiva

375 ml vody

2 konzervy na kousky kuřecích prsou

1 plechovka (300 g) kuřecí polévka kondenzovaná smetana

113 g sýra čedar, nastrouhaného

125 ml zakysané smetany

64 g salsy

POKYNY

1. V míse smíchejte mouku, sůl, prášek do pečiva a zeleninový tuk. Rukama dobře promíchejte, dokud se vše nespojí.

2. Pomalu přidávejte vodu a rukama vypracujte těsto.. Mouka by měla vsáknout tekutinu, mělo by vám vzniknout hladké těsto..

3.Z těsta vytvarujte kuličky, které jednu po druhé vkládejte do lisu na tortilly. Stisknutím vytvoříte tortilly..

4. Předehřejte litinovou pánev na střední teplotu. Přidejte tortilly jednu po druhé a opékejte asi 30-40 sekund z každé strany.

5.Troubu předehřejte na 200 C.. V míse smíchejte kuřecí polévku a kuřecí prsa se sýrem..

6.Uložte tortilly na 2 pekáče, poté okraje potřete vodou, naberte kuřecí směs na polovinu strany každé tortilly. Přeložte, okraje přitiskněte, aby se uzavřely.

7.Pečte 10 minut; podáváme se zakysanou smetanou a salsou..

49. Tofu-Tahini zeleninové zábaly

Vytvoří 4 zábaly

INGREDIENCE

8 uncí extra tuhého tofu, scezeného a osušeného

3 zelené cibule, nasekané

2 celerová žebra, mletá

1/2 šálku mleté čerstvé petrželky

2 lžíce kapary

2 lžíce čerstvé citronové šťávy

1 lžíce dijonské hořčice

1/2 lžičky soli

1/8 lžičky mletého kajenského pepře

4 (10palcové) moučné tortilly nebo lavash

1 střední mrkev, nastrouhaná

4 listy salátu

POKYNY

V kuchyňském robotu smíchejte tofu, tahini, zelenou cibulku, celer, petržel, kapary, citronovou šťávu, hořčici, sůl a kajenský pepř a zpracujte, dokud se dobře nespojí.

Pro sestavení zábalů položte 1 tortillu na pracovní plochu a na tortillu rozetřete asi 1/2 šálku tofu směsi. Posypeme nastrouhanou mrkví a poklademe listem salátu. Pevně srolujte a diagonálně rozkrojte napůl. Opakujte se zbývajícími ingrediencemi a podávejte.

50. Dekonstruovaný hummus pitas

Dělá 4 pity

INGREDIENCE

1 stroužek česneku, rozdrcený

¾ šálku tahini (sezamová pasta)

2 lžíce čerstvé citronové šťávy

1 lžička soli

1/8 lžičky mletého kajenského pepře

1/4 šálku vody

11/2 šálků vařené nebo 1 (15,5 unce) plechovky cizrny, opláchnuté a scezené

2 střední mrkve, nastrouhané (asi 1 šálek)

4 (7-palcové) pita chleby, nejlépe celozrnné, rozpůlené

2 šálky čerstvého baby špenátu

POKYNY

V mixéru nebo kuchyňském robotu nasekejte česnek. Přidejte tahini, citronovou šťávu, sůl, kajenský pepř a vodu. Zpracujte do hladka.

Cizrnu dejte do mísy a lehce rozdrťte vidličkou. Přidejte mrkev a odloženou omáčku tahini a promíchejte, aby se spojily. Dát stranou.

Do každé půlky pita přidejte 2 nebo 3 lžíce cizrnové směsi. Do každé kapsy zastrčte plátek rajčat a pár listů špenátu a podávejte.

51. Veganské středomořské zábaly

INGREDIENCE

1 střední okurka

½ lžičky (plus pár špetek) soli

1 střední rajče nakrájené na kostičky

¼ červené cibule nakrájené na kostičky

¼ zelené papriky nakrájené na kostičky

4 lžíce nasekaných oliv Kalamata

1 sklenice (540 gramů / 19 oz..) cizrny

200 gramů (7 uncí) veganského jogurtu

2 lžíce nasekaného čerstvého kopru

1 stroužek česneku nasekaný

1 lžíce citronové šťávy

2 šálky (112 gramů) nakrájeného salátu

4 velké tortilly

POKYNY

Smíchejte na kostičky nakrájenou okurku, rajče, červenou cibuli, zelenou papriku a černé olivy. Sceďte a propláchněte cizrnu a dejte ji do mísy. Rozdrťte je rukama nebo vidličkou.

V misce smíchejte nastrouhanou okurku, veganský jogurt, kopr, česnek, citronovou šťávu a špetku soli a pepře. Přidejte 3 polévkové lžíce tzatziki spolu s ½ lžičky soli a pepře. Dobře promíchejte.

Zábaly udělejte z hrsti hlávkového salátu, drcené cizrny, smíšené zeleniny nakrájené na kostičky a několika kopečky tzatziki.

52. Veganská Shawarma

INGREDIENCE

1/3 šálku (55 g) konzervované cizrny

2 polévkové lžíce výživného droždí

Koření

1 polévková lžíce sójové omáčky

1/4 šálku (65 g) rajčatové pasty

1/3 šálku (80 ml) zeleninového vývaru

1 lžička dijonské hořčice

1/8 lžičky Liquid Smoke

1 šálek (150 g) vitálního pšeničného lepku

Marináda

6 Zábaly

Strouhaný salát

POKYNY

Do kuchyňského robotu přidejte cizrnu, nutriční droždí, koření, sójovou omáčku, rajčatový protlak, papriku, zeleninový vývar, dijonskou hořčici a tekutý kouř a zpracujte, dokud se dobře nepromíchá.

Přidejte životně důležitý pšeničný lepek. Vyrovnejte ho na pracovní plochu a poklepejte do tvaru velkého steaku. Parní

Marinádu promícháme a nalijeme na seitanové proužky. Seitan orestujeme v marinádě,

Naneste trochu pikantního hummusu na pita chléb nebo zábal. Přidejte nakrájený hlávkový salát a nakrájenou okurku a rajče do zábalu, poklaďte několika proužky seitanu a zakončete kopečkem veganského tzatziki.

53. Křupavé veganské rolky

Výtěžek: 24 porcí

INGREDIENCE

5 mrkev, vařené

Sůl

1 řapíkatý celer; jemně nakrájené a uvařené

Arašídový nebo rostlinný olej

sezamový olej

3 velké cibule; jemně nasekané

2 zelené cibule; tenké plátky

3 červené papriky; jemně nasekané

20 hub Shiitake; jemně nasekané

1 svazek listů koriandru; sekaný

1 balení obalů na jarní role; (11 oz.)

1 lžíce kukuřičného škrobu

POKYNY

Do velké rozehřáté pánve dejte 2 lžičky arašídového oleje a 2 lžičky sezamového oleje. přidejte nakrájenou cibuli, nakrájenou zelenou cibulku a papriku. Vhoďte houby a vařte 2 až 3 minuty.

Přidejte mrkev, celer a koriandr a promíchejte. Dochutíme solí a pepřem

Pozice 1 obal. Horní roh potřete rozšlehaným vejcem. Uspořádejte ⅓ směsi pro plnění šálků v řadě 2 palce od spodního rohu. Zabalte roh přes směs a zatáhněte zpět, abyste utáhli.

Přeložte na dvě strany a srolujte na konec obalu. Potěr

54. Veganské plněné zelňačky

INGREDIENCE

1 velké mražené zelí, rozmražené

2 lžíce oleje

1 cibule, nakrájená na kostičky

1 řapíkatý celer, nakrájený na kostičky

2 lžíce zeleného pepře nakrájeného na kostičky

2 lžíce mouky

1 46 uncí. plechovka rajčatové šťávy

4 lžíce rajčatového protlaku

½ šálku cukru

Pomlčková sůl, paprika, kari

2 šálky vařené rýže

2 bobkové listy

1 velké jablko, oloupané a nakrájené na kostičky

¼ šálku zlatých rozinek

POKYNY

V pánvi rozehřejte olej a přidejte cibuli, celer a zelenou papriku. Vmícháme koření. Přidejte zeleninu k rýži a dobře promíchejte. Dát stranou.

Zahřejte olej. Vmícháme mouku a vaříme dohněda. Přidejte zbývající přísady omáčky.

Opatrně přidávejte zelné závitky a jeden po druhém je vkládejte do omáčky. Vařte 2 hodiny.

Umístěte lžíci náplně na žebro listu blízko základny. Základ listu přehneme přes náplň a jednou zarolujeme. Přeložte strany směrem ke středu, abyste je uzavřeli a vytvořili rovné okraje.

55. Veganské nori rolky

Výtěžek: 1 porce

INGREDIENCE

¼ šálku sójové omáčky

2 lžičky medu

1 lžička mletého česneku

1 lžíce strouhaného kořene zázvoru

1 libra extra tuhého tofu nebo tempehu

2 lžíce rýžového octa

1 lžíce superjemného cukru

2 šálky vařené krátkozrnné hnědé rýže

2 mletá jarní cibulka, pouze bílá část

2 lžíce pražených sezamových semínek

5 listů nori

1 šálek jemně nastrouhané mrkve

10 Čerstvé špenátové listy, dušené

1 ½ šálku klíčků vojtěšky

POKYNY

Smíchejte sójovou omáčku, med, česnek a zázvor. Přidejte tofu nebo tempeh; marinovat alespoň 30 minut.

Smíchejte rýžový ocet a cukr. Přidejte rýži a vmíchejte jarní cibulku a sezamová semínka; dobře promíchejte.

Položte list nori na voskovaný papír. lžíce směsi ve středu nori. Složit

56. Tofu pitas na kari

Připraví 4 sendviče

INGREDIENCE

1 libra extra tuhého tofu, okapaná a osušená

1/2 hrnku veganské majonézy, domácí (vizVeganská majonéza) nebo zakoupené v obchodě

1/4 šálku nakrájeného mangového chutney, domácí (vizMango chutney) nebo zakoupené v obchodě

2 lžičky dijonské hořčice

1 polévková lžíce horkého nebo jemného kari

1 lžička soli

1/8 lžičky mletého kajenského pepře

1 hrnek nastrouhané mrkve

2 celerová žebra, mletá

1/4 šálku mleté červené cibule

8 malých listů bostonského nebo jiného měkkého salátu

4 (7 palců) celozrnné pity, půlené

POKYNY

Tofu rozdrobíme a dáme do velké mísy. Přidejte majonézu, chutney, hořčici, kari, sůl a kajenský pepř a dobře promíchejte, dokud se důkladně nepromíchají.

Přidejte mrkev, celer a cibuli a míchejte, aby se spojily. Dejte na 30 minut do lednice, aby se chutě propojily.

Do každé pita kapsy zastrčte list salátu, na salát nasypte trochu směsi tofu a podávejte.

57. Hummus Veggie Wrap

Porce 1 zábal

INGREDIENCE

1 ochucený zábal nebo tortilla

1/3 šálku hummusu

2 plátky okurky, nakrájené podélně

Hrst čerstvých listů špenátu

Nakrájené rajče

1/4 avokáda, nakrájené na plátky

Čerstvé klíčky vojtěšky nebo brokolice

Čerstvé microgreens

Listy bazalky, je-li to žádoucí

POKYNY

Rozložte hummus na spodní 1/3 zábalu, asi 1/2 palce od spodního okraje, ale roztáhněte boční okraje.

Navrstvěte okurku, špenátové listy, plátky rajčat, plátky avokáda, špunty, microgreens a bazalku.

Přeložte obal pevně, jako byste chtěli burrito, zastrčte do něj veškerou zeleninu s prvním válečkem a poté pevně srolujte až do konce. Nakrájejte na polovinu a užívejte si.

58. Duhové zeleninové obaly

Porce: 4

INGREDIENCE

4 (8 palců) vícezrnné tortilly nebo zábaly

1 šálek připraveného olivového hummusu

2 unce na tenké plátky nakrájeného sýra Cheddar

1 ⅓ šálku baby špenátu

1 šálek nakrájené červené papriky

1 šálek brokolicových klíčků

1 šálek najemno nakrájeného červeného zelí

1 hrnek nakrájené mrkve

Zelený dresink bohyně pro servírování

POKYNY

Každou tortillu potřete 1/4 šálku hummusu. Navrch dejte jednu čtvrtinu čedaru, špenát, papriku, klíčky, zelí a mrkev. Každý obal srolujte.

Zábaly nakrájejte na 1-palcová kolečka. Podávejte s dresinkem na namáčení, pokud chcete.

59. Quesadillas se salsou

Doba vaření: 10 minut

Porce: 6

INGREDIENCE

450 g univerzální mouky

3 lžíce studeného zeleninového tuku

1 lžička soli

2 lžičky prášku do pečiva

375 ml vody

384 g sýra Monterey Jack, strouhaný

180 ml robustní salsa

2 zelené cibule, nakrájené na plátky

2 lžíce řepkového oleje

POKYNY:

1. V míse smíchejte mouku, sůl, prášek do pečiva a zeleninový tuk. Rukama dobře promíchejte, dokud se vše nespojí.

2.Pomalu přidávejte vodu a rukama vypracujte těsto.. Mouka by měla vsáknout tekutinu, mělo by vám vzniknout hladké těsto..

3.Z těsta vytvarujte kuličky, které jednu po druhé vkládejte do lisu na tortilly. Stisknutím vytvoříte tortilly..

4. Předehřejte litinu na středním plameni. Přidejte tortilly jednu po druhé a opékejte asi 30-40 sekund z každé strany.

5. Tortilly položte na rovný povrch a okraje potřete vodou.

6. Na polovinu každé tortilly dejte 65 g sýra, 1 polévkovou lžíci salsy a 2 lžičky cibule, poté přeložte a přitlačte, aby se uzavřela.

7.Na pánvi rozpálíme olej. . Quesadilly smažte po dávkách do zlatohněda, poté podávejte se salsou..

60. Fazolové a sýrové quesadilly

Doba vaření: 10 minut

Porce: 6

INGREDIENCE

450 g univerzální mouky

473 g fazolí, smažených

3 lžíce studeného zeleninového tuku

120 ml omáčky Pace Picante

256 g sýra Monterey Jack, strouhaného

1 lžička soli

2 lžičky prášku do pečiva

2 zelené cibule, nakrájené na plátky

375 ml vody

POKYNY:

1.V míse smíchejte mouku, sůl, prášek do pečiva a zeleninový tuk. Rukama dobře promíchejte, dokud se vše nespojí.

2.Pomalu přidávejte vodu a rukama vypracujte těsto.. Mouka by měla vsáknout tekutinu, mělo by vám vzniknout hladké těsto..

3.Z těsta vytvarujte kuličky, které jednu po druhé vkládejte do lisu na tortilly. Stisknutím vytvoříte tortilly..

4. Předehřejte litinu na středním plameni. Přidejte tortilly jednu po druhé a opékejte asi 30-40 sekund z každé strany.

5. Smíchejte fazole a omáčku v misce.

6.Na dva pekáče dejte 6 tortil a okraje potřete vodou.

7. Na polovinu každé tortilly dejte 86 g fazolové směsi, cibuli a sýr, zakryjte zbylými tortillami a přimáčkněte, aby se uzavřely.

8.Troubu rozehřejte na 200 C a pečte 9 minut.. Každou quesadillu nakrájejte na 4 plátky.. Podávejte horké..

61. Beef Crunch

Doba vaření: 20 minut

Porce: 6

INGREDIENCE

450 g univerzální mouky

128 g mexického sýra, strouhaného

3 lžíce studeného zeleninového tuku

256 g hlávkového salátu, nastrouhaného

1 lžička soli

1 rajče, nakrájené na kostičky

2 lžičky 32 g mletého koriandru

prášek na pečení

1 limetka, odšťavněná

375 ml vody

120 ml zakysané smetany

0,5 kg mletého hovězího masa

60 ml vody

64 g queso freska

1 balíček taco koření

POKYNY:

1. V míse smíchejte mouku, sůl, prášek do pečiva a zeleninový tuk. Rukama dobře promíchejte, dokud se vše nespojí.

2. Pomalu přidávejte vodu a rukama vypracujte těsto.. Mouka by měla vsáknout tekutinu, mělo by vám vzniknout hladké těsto..

3. Z těsta vytvarujte kuličky, které jednu po druhé vkládejte do lisu na tortilly. Stisknutím vytvoříte tortilly..

4. Předehřejte litinu na středním plameni. Přidejte tortilly jednu po druhé a opékejte asi 30-40 sekund z každé strany.

5. Pánev rozehřejte na středně vysokou teplotu 3 minuty. Přidejte hovězí maso a za častého míchání vařte 9 minut. Přidejte vodu, taco koření a vařte 11 minut..

6. Tortilly položte na rovnou plochu, přidejte 2 lžíce queso, 125 g hovězího masa, 1 tostadu, tostadu potřete trochou zakysané smetany, doprostřed každé tortilly přidejte rajče, koriandr, salát, trochu limetky a sýr. zalepit a zalepit konce..

7. Pánev vymažte olejem a dejte na střední teplotu. Jednu stočenou tortillu vložte do pánve a vařte do zlatova. Udělejte totéž s ostatními tortillami, podávejte.

62. Kuřecí pesto

Doba vaření: 5 minut

Porce: 4

INGREDIENCE

450 g univerzální mouky

3 lžíce studeného zeleninového tuku

1 lžička soli

2 lžičky prášku do pečiva

375 ml vody

256 g vařeného kuřecího masa nakrájeného na kostky

4 lžíce pesta

1 mrkev, nakrájená na tenké plátky

256 g čerstvého baby špenátu

1 červená paprika, nakrájená na plátky

POKYNY:

1. V míse smíchejte mouku, sůl, prášek do pečiva a zeleninový tuk. Rukama dobře promíchejte, dokud se vše nespojí.

2. Pomalu přidávejte vodu a rukama vypracujte těsto.. Mouka by měla vsáknout tekutinu, mělo by vám vzniknout hladké těsto..

3. Z těsta vytvarujte kuličky, které jednu po druhé vkládejte do lisu na tortilly. Stisknutím vytvoříte tortilly..

4. Předehřejte litinu na středním plameni. Přidejte tortilly jednu po druhé a opékejte asi 30-40 sekund z každé strany.

5. Smíchejte kuře s pestem v malé misce.

6. Tortilly položte na rovný povrch. Do středu každé tortilly přidejte 1/4 špenátu, 1/4 pepře, 1/4 mrkve a 1/4 kuřete. Srolujte a podávejte.

63. Broskve a smetanový dezert taco

Doba vaření: 15 minut

Porce: 6

INGREDIENCE

450 g univerzální mouky

3 lžíce studeného zeleninového tuku

1 lžička soli

2 lžičky prášku do pečiva

375 ml vody

2 zralé broskve, nakrájené na plátky

113 g smetanového sýra

1 lžička vanilkového extraktu

128 g moučkového cukru

1 ½ lžíce husté smetany

POKYNY

1. V míse smíchejte mouku, sůl, prášek do pečiva a zeleninový tuk. Rukama dobře promíchejte, dokud se vše nespojí.

2.Pomalu přidávejte vodu a rukama vypracujte těsto.. Mouka by měla vsáknout tekutinu, mělo by vám vzniknout hladké těsto..

3.Z těsta vytvarujte kuličky, které jednu po druhé vkládejte do lisu na tortilly. Stisknutím vytvoříte tortilly..

4. Předehřejte litinovou pánev na střední teplotu. Přidejte tortilly jednu po druhé a opékejte asi 30-40 sekund z každé strany.

5.V míse vyšlehejte smetanový sýr.. Přidejte vanilku a dobře promíchejte..

6.Přidáme moučkový cukr a dobře ušleháme..Přilijeme smetanu a znovu promícháme..

7.Lžící naneste směs na tortilly a navrch dejte broskve..Podávejte..

64. Špenátové quesadilly

Výtěžek: 1 porce

PŘÍSADA

1 Nasekaný zelený pepř

1 Nakrájená cibule

½ svazku nakrájeného špenátu

1 plechovka Propláchnuté černé fazole

½ balení Taco koření (nebo vaše oblíbené mexické koření)

POKYNY

Smíchejte 1 nakrájenou zelenou papriku, 1 nakrájenou cibuli, ½ svazku nakrájeného špenátu, 1 plechovku propláchnutých černých fazolí a ½ balení taco koření (nebo vašeho oblíbeného mexického koření). Pokud se vám směs zdá suchá, přidejte trochu odložené šťávy z fazolí.

Na plech dejte moučné tortilly. Můj plech na sušenky pojme 2 burrita nebo 3 malé tortilly... obě velikosti fungují dobře. Na tortilly rozetřete zeleninovou směs. Pokud chcete, posypte sýrem.

Vložte plech pod horký brojler a postavte se tam. Neodcházejte :) Jakmile okraje tortilly začnou hnědnout, vytáhněte plát cukroví a stěrkou každý přeložte napůl. Vložte list zpět pod brojler na minutu, dokud tortilly nezačnou puchýřit a hnědnout. Pozor... pokud je váš brojler jako můj... je to asi 10 sekund od ne zcela hotového k černému spálení. Vytáhněte je zpět a celé je otočte.

Opékejte druhou stranu. Vyjměte a nakrájejte na poloviny nebo třetiny, abyste vytvořili trojúhelníky.

65. Klobása quesadillas z divočáka s červenou salsou

Výtěžek: 12 porcí

PŘÍSADA

2 šálky Nakrájená klobása z divočáka; restované

2 lžíce nasekaného koriandru

1 polévková lžíce Jalapeno; stopky, semena a nakrájené jemně

1 zralé mango nebo papája; oloupané, semínkové a nakrájené na malé kostičky

1 chilli Poblano; opražené, odstopkované, oloupané a nakrájené na tenké proužky

1 vápno; Šťáva z

3 šálky strouhaného sýra jack

12 tortilly z mouky

3 lžíce rostlinného oleje

2 šálky čerstvých švestkových rajčat zbavených jader a nakrájených

1 šálek mleté červené cibule

¾ šálku nasekaného čerstvého koriandru

2 lžičky mletého chilli jalapeño

2 lžíce čerstvé limetkové šťávy

Sůl; ochutnat

Mletý černý pepř; ochutnat

POKYNY

Pro salsu: Smíchejte rajčata, cibuli, koriandr a jalapeno. Přidejte limetkovou šťávu a důkladně promíchejte. Dochuťte solí a pepřem. Odložte stranou, dokud nebudete připraveni k použití.

Pro quesadilly: Ve střední misce smíchejte prvních sedm ingrediencí a promíchejte, aby se spojily. Na čisté prkénko položte šest moučných tortill. Na každou moučnou tortillu rozdělte krůtí směs. Navrch položte zbývající moučné tortilly. Velkou pánev nebo gril přiveďte na střední teplotu a potřete malým množstvím rostlinného oleje. Vložte jeden sendvič s moukou tortillou do pánve nebo grilu a vařte dozlatova nebo asi 4 minuty. Špachtlí naberte moučný tortilový sendvič, abyste dokončili vaření dozlatova nebo dokud se sýr nerozpustí. Vyjměte z pánve nebo grilu a položte na prkénko. Nakrájejte na šest klínků. Podávejte teplé s rajčatovou salsou. Opakujte proces vaření s každou tortillou.

66. Lasagne Quesadilla

Výtěžek: 1 porce

PŘÍSADA

1 16oz rolka jemná klobása

1 8oz sklenice robustní salsa

1 balení (1,5 oz) taco koření

1 kontejner; (12 uncí) tvaroh

1 balení (8 oz) strouhaný sýr na mexický způsob; rozdělený

2 vejce; zbitý

10 7palcových moučných tortil

1 plechovka (4,5 oz) nasekaných zelených chilli papriček; vyčerpaný

1 plechovka (2 1/4 oz) nasekaných zralých oliv

1 plechovka (2 1/4 oz) nakrájených zralých oliv

POKYNY:

Zahřejte troubu na 350. Na střední pánvi hnědou klobásu na středně vysokou teplotu. Odstraňte z tepla; vypustit tuk.

Vmíchejte salsu a taco koření. Ve střední misce smíchejte tvaroh, 1 šálek sýra a vejce.

Vymažte pánev 13 x 9 a položte 8 tortilly na spodní a horní stranu pánve.

Na tortilly nalijte polovinu masové směsi a polovinu tvarohové směsi. Navrch položte dvě tortilly a na ně lžící dejte zbývající masovou směs a tvarohovou směs. Posypeme zelenými chilli, olivami a zbývajícím sýrem. Pečte při 350 stupních 45 - 50 minut přikryté hliníkovou fólií. Odkryjte a pečte o 5 minut déle, nebo dokud sýr nezměkne. Podávejte teplé.

67. Sladké bramborové quesadilly

Výtěžek: 4 porce

PŘÍSADA

1½ šálku jemně nakrájené cibule

2 stroužky česneku; mletý

Zeleninový vývar

4 šálky Nastrouhané batáty (asi 3 brambory) oloupané nebo neloupané!

½ lžičky sušeného oregana

1 lžička chilli prášku

2 lžičky mletého kmínu

1 špetka (štědré) Cayenne

Sůl a pepř na dochucení

1 šálek beztučného sýra Cheddar; strouhaný; nebo plátky čehokoli, co se rozpustí

8 tortilly

POKYNY

Cibuli orestujte na trošce vývaru ve velké nepřilnavé pánvi do měkka a podle potřeby přidávejte vývar.

Přidejte česnek a míchejte 30 sekund.

Přidejte další vývar, nastrouhané sladké brambory a koření a míchejte asi 10 minut na středním plameni, dokud batáty nezměknou. To bude vyžadovat pozornost a více vývaru, protože batáty se budou lepit i na nepřilnavý povrch. Ale s mícháním nebuďte příliš energičtí, nebo se batáty změní na kaši.

Když je měkký, ujistěte se, že se všechen vývar odpařil a stáhněte směs sladkých brambor z ohně. Vložte 1 tortillu na dno 4 kovových koláčových forem přibližně stejného průměru jako tortilly. Rozdělte směs sladkých brambor mezi pánve a poklaďte sýrem. Zakryjte zbývajícími tortillami a pevně přitlačte. Pečte při 425 stupních F. asi 10-12 minut, dokud vrcholy nezačnou hnědnout a tortilly nejsou křupavé. Vyjměte z koláčových forem stěrkou a nakrájejte na měsíčky, abyste mohli podávat. Slouží 4.

68. Quesadillas s rajčaty a sýrem

Výtěžek: 16 klínů

PŘÍSADA

1 šálek nakrájených švestkových rajčat na kostičky

2 lžíce nasekaného čerstvého koriandru nebo petrželky

1 paprika Jalapeno, mletá

1 lžíce mleté červené nebo zelené cibule

1 lžíce čerstvé limetkové šťávy

Sůl podle chuti

4 moučné tortilly (9 až 10 palců)

1 šálek nastrouhaného extra starého sýra Cheddar

Olivový olej

Zakysaná smetana a nakrájená zelená cibulka

POKYNY

V misce smíchejte rajčata, koriandr, jalapeno, cibuli, limetkovou šťávu a sůl.

Rozložte tortilly na pracovní plochu a na jednu polovinu každé tortilly nalijte rajčatovou směs. Posypeme sýrem. Obyčejnou polovinu tortilly přeložte přes náplň a jemně zatlačte, aby se uzavřela. Lehce potřeme olivovým olejem a dáme na vymaštěný gril na středně vysokou teplotu.

Vařte asi 4 minuty z každé strany nebo do zhnědnutí a křupava. Každý nakrájejte na 4 měsíčky a ozdobte zakysanou smetanou a zelenou cibulkou.

69. Lilek, červená cibule a kozí sýr quesadilla

Výtěžek: 4 porce

PŘÍSADA

4 Příčně nakrájíme červenou cibuli; Tloušťka 1/4 palce

4 podélné plátky lilku; neloupaný, 1/4 palce ; tlustý

Tři; (6 palců) moučné tortilly

¼ šálku strouhaného Monterey Jacka

1½ šálku rozdrobeného kozího sýra

Sůl a čerstvě mletý pepř

1 lžíce olivového oleje

POKYNY

Připravte si přední část dřevěného uhlí a nechte ji dohořet na uhlíky, nebo brojler předehřejte. Předehřejte troubu na 450 F.

Lilek a červenou cibuli dejte na olivový olej a dochuťte solí a pepřem. Plátky cibule grilujte 2 minuty z každé strany a lilek 1½ minuty z každé strany. Odstavení Položte 2 tortilly na nevymaštěný plech. Na každý rozložte polovinu sýrů, lilek a cibuli a dochuťte solí a pepřem. Naskládejte 2 vrstvy a přikryjte zbývající tortillou.

Může být připraven dopředu až do tohoto bodu a chlazený.
Pečte 8 až 12 minut, nebo dokud nejsou tortilly lehce křupavé a sýr se nerozpustí.

Nakrájíme na čtvrtky a podáváme horké.

DIPS

70. Sušená rajčata Pomazánka

INGREDIENCE

Dvě polévkové lžíce předvařených velkých bílých fazolí

1/2 šálku vlašských ořechů

Deset plátků sušených rajčat

Jedna polévková lžíce olivového oleje nebo jiného oleje dle výběru

Dvě polévkové lžíce dýňových semínek

Jeden stroužek česneku

Čerstvá bazalka, bylinková sůl a pepř nebo jiné koření dle vlastního výběru

POKYNY

Smíchejte ingredience v mixéru a mixujte, dokud nebudou hladké a krémové.

71. Hummusové sny

INGREDIENCE

1 šálek předvařené cizrny

1/2 šálku vlašských ořechů

1 lžička tahini (sezamová pasta)

1 lžička kmínu

1 lžička bílého vinného octa

Sůl a pepř

Čerstvý chřest použít jako zálivku

POKYNY

Smíchejte ingredience v mixéru a mixujte, dokud nebudou hladké a krémové.

72. Quesadilla omáčka / dip

3 osoby

5 minut

INGREDIENCE

1/2 šálku majonézy

2 lžíce smetany

2 lžičky Jalapeňo (mleté)

2 lžičky šťávy jalapeňo

2/3 cukru

1/2 lžičky praženého kmínu

1/2 lžičky papriky

1/8 lžičky česnekového prášku

Sůl podle chuti

POKYNY

Vezměte misku a dejte do ní majonézu. Přidejte cukr a papriku

Poté orestovaný mletý kmín s česnekovým práškem a solí. Promícháme a přidáme trochu smetany.

Nakonec přidejte nakrájené nebo nasekané jalapeňos s vodou z jalapeňa. Dobře to promíchejte

Natřete na quesadillu tortillu a podávejte s ní. (viz recept)

73. Rumová jablečná náplň

Připraví 2 šálky (480 g)

INGREDIENCE

4 šálky (600 g) hrubě nakrájených jablek, oloupaných a zbavených jádřinců

3 polévkové lžíce (45 ml) vody

2 lžíce (28 g) másla

1 lžička skořice

1/3 šálku (67 g) cukru

1/3 šálku (50 g) tmavých rozinek

1 polévková lžíce (8 g) plus 1 lžička kukuřičného škrobu

2 lžíce (28 ml) rumu nebo pomerančové šťávy

POKYNY

1 Ve středním hrnci na středním ohni smíchejte jablka, vodu, máslo, skořici a cukr.

2 Míchejte a vařte, aby se cukr rozpustil. Když je cukr rozpuštěný a směs bublá, snižte teplotu. Vmícháme rozinky.

3 Přiklopte a za občasného míchání vařte 5 minut, nebo dokud jablka nezměknou.

4 V malé misce smíchejte kukuřičný škrob a rum nebo pomerančovou šťávu. Vmíchejte do jablek a vařte asi 1 minutu

nebo dokud jablka neprobublají a nezhoustnou. Před použitím k plnění moučné tortilly „Empanadas" odstavte teplo a zcela vychladněte. Navrch dejte Crème Anglaise.

74. Dýňová náplň

Připraví 2 šálky (480 g)

INGREDIENCE

1 plechovka (15 uncí nebo 425 g) pevné dýně (ne náplň dýňového koláče)

2 polévkové lžíce (30 g) hnědého cukru

1 lžička mleté skořice

SLADKÁ BRAMBOROVÁ NÁPLŇ

Připraví 2 šálky (480 g)

2 šálky (656 g) šťouchaných sladkých brambor, čerstvě pečené nebo konzervované

1 polévková lžíce (15 g) hnědého cukru

1 lžička mleté skořice

POKYNY

1 Ve střední misce pomocí elektrického mixéru rozmixujte dýni, hnědý cukr a skořici, dokud se hnědý cukr nerozpustí a ingredience dobře promíchají.

2 Použijte k vyplnění empanád. Navrch dejte Cajeta nebo Dulce de Leche.

1 Ve střední misce pomocí elektrického mixéru smíchejte sladké brambory, hnědý cukr a skořici, dokud se hnědý cukr nerozpustí a ingredience dobře promíchají.

2 Použijte k vyplnění empanád. Zalijte ananasovou omáčkou.

75. Sladké mascarpone

Připraví 1 šálek (225 g)

INGREDIENCE

8 uncí (225 g) mascarpone nebo smetanového sýra

1/2 šálku (100 g) cukru

1 nebo 2 polévkové lžíce (15 až 30 g) řeckého jogurtu

POKYNY

1 Ve střední misce smíchejte mascarpone nebo smetanový sýr a cukr.

2 Pomocí elektrického mixéru spojte sýr a cukr. Pro zředění smetanového sýra přidejte podle potřeby řecký jogurt, abyste dosáhli požadované textury.

3 Šlehejte, dokud nebude nadýchaná. Nechte v chladu, dokud nebudete připraveni k podávání.

76. Anglický krém

Připraví 2 šálky (480 g)

INGREDIENCE

3/4 šálku (175 ml) plnotučného mléka

3/4 šálku (175 ml) husté smetany

4 žloutky

4 polévkové lžíce (52 g) cukru

2 lžičky čistého vanilkového extraktu

POKYNY

1 Ve středním hrnci na mírném ohni smíchejte mléko a smetanu. Zahřívejte 5 minut nebo dokud se tekutina nerozvaří a bublinky jen nerozbijí povrch. Sundejte z plotny.

2 Ve středně velké míse šlehejte žloutky a cukr po dobu 2 minut, nebo dokud se cukr nerozpustí a směs nebude světle žlutá.

3 Horkou mléčnou směs postupně za stálého míchání zašlehejte do žloutků. Vraťte směs do hrnce na mírném ohni.

4 Vařte a míchejte 5 minut, nebo dokud pudink nezhoustne a nepokryje zadní část lžíce. Nevařte.

5 Sundejte z plotny. Vmíchejte vanilku. Nechte mírně vychladnout.

6 Nalijte tekutinu přes jemné sítko do nádoby s těsným víkem. Přikryjte a ochlaďte. Podávejte vychlazené.

77. Mexická karamelová omáčka

Připraví 1 1/2 šálku (360 g)

INGREDIENCE

4 šálky (946 ml) plnotučného kozího nebo kravského mléka

1 1/4 šálku (250 g) cukru

1/2 lžičky jedlé sody

1 lžička čistého vanilkového extraktu (certifikovaná mexická vanilka, pokud je k dispozici)

POKYNY

1 Ve středně velké těžké pánvi na středním ohni smíchejte mléko, cukr a jedlou sodu.

2 Vařte za občasného promíchání žáruvzdornou stěrkou nebo vařečkou, dokud se cukr nerozpustí a mléko se nezpění a zesvětlí, asi 15 minut.

3 Pokračujte ve vaření na mírném plameni za častého míchání a škrábání stěn hrnce. Vařte asi 45 minut až 1 hodinu nebo dokud směs nezhoustne a nezezlátne.

4 Za stálého míchání pokračujte ve vaření, dokud směs nezhoustne. Mělo by být dostatečně lepivé, aby když špachtlí seškrábne dno hrnce, zůstala „stopa" otevřená po dobu 1 sekundy. Sundejte z plotny. Vmíchejte vanilku.

5 Přeneste do žáruvzdorné sklenice se širokým hrdlem. Toto může být chlazeno až 3 měsíce. Opatrně zahřejte tak, že sklenici umístíte do hrnce s horkou, nikoli vroucí vodou.

78. Ananasová omáčka

Připraví 2 šálky (280 g)

INGREDIENCE

2 šálky (330 g) nahrubo nasekaného čerstvého ananasu nebo 1 plechovka (20 uncí nebo 560 g) drceného ananasu

3 lžíce (42 g) másla

2 polévkové lžíce (26 g) turbinado nebo krystalového cukru

1/2 lžičky čistého vanilkového extraktu

Špetka soli

POKYNY

1 Ve středním hrnci na středním ohni smíchejte ananas, máslo a cukr.

2 Míchejte a vařte, aby se cukr rozpustil. Když je cukr rozpuštěný a směs bublá, snižte teplotu. Vařte za občasného míchání 5 minut nebo dokud omáčka nezhoustne a nezíská sirupovitost.

3 Vmíchejte vanilku a sůl.

4 Podávejte teplé nebo při pokojové teplotě.

79. Ovocné piko

Připraví 4 šálky (560 g)

INGREDIENCE

1 pinta (340 g) jahod, oloupaných a nahrubo nasekaných, na 2 šálky

1 broskev nebo mango, oloupané a nakrájené na 1 šálek (175 g)

1 jablko Granny Smith, neoloupané a nakrájené na 1 šálek (125 g)

1 lžička citronové šťávy

POKYNY

1 Ve střední misce smíchejte nakrájené jahody, broskev nebo mango a jablko.

2 Prohozením spojte. Vmíchejte citronovou šťávu. Chlaďte, dokud nebudete připraveni k podávání.

80. Avokádová láska

INGREDIENCE

Jedno avokádo

Dvě polévkové lžíce čerstvě vymačkané citronové šťávy

Sůl a pepř

Špetka černé soli pro chuť vajec (volitelně)

POKYNY

Smíchejte ingredience v mixéru a mixujte, dokud nebudou hladké a krémové.

81. Pimiento pomazánka k plnění sendvičů

Výtěžek: 2 porce

PŘÍSADA

½ šálku tofu

2 lžíce oleje

2 lžíce jablečného octa

1 lžíce cukru

1½ lžičky soli

⅛ lžičky černého pepře

špetka česnekového prášku

1 libra pevného tofu; rozpadl se

3 polévkové lžíce Sladká okurka

½ šálku Pimientos; okapané a nakrájené

POKYNY

Smíchejte prvních 7 ingrediencí v mixéru a mixujte, dokud nebude hladká a krémová.

Smíchejte v misce se zbývajícími přísadami. Nejlépe v chladničce přes noc.

82. Tofu sendvičová pomazánka

Výtěžek: 4 porce

PŘÍSADA

10 uncí pevného tofu

$\frac{1}{2}$ zelené papriky; na kostičky

1 řapíkatý celer; na kostičky

1 mrkev; strouhaný

4 malé zelené cibule; nakrájený

1 lžíce petrželky

1 lžíce kapary

2 lžíce náhražky majonézy na bázi tofu

1 lžíce připravené hořčice

$\frac{1}{2}$ lžičky čerstvé citronové šťávy

$\frac{1}{4}$ lžičky pepře

$\frac{1}{4}$ lžičky tymiánu

POKYNY

Všechny ingredience smíchejte dohromady a podávejte na vašem oblíbeném chlebu s klíčky, rajčaty a okurkami.

83. Pomazánka na zeleninový sendvič

Výtěžek: 1 porce

PŘÍSADA

1 balení Pevné tofu

½ šálku sójové majonézy

1 každá zelená cibule, nakrájená na kostičky

1 zelená paprika nakrájená na kostičky

1 každý řapíkatý celer, nakrájený

¼ šálku slunečnicových nebo sezamových semínek

1 lžíce sójové omáčky

1 lžička kari

1 lžička Kurkuma

1 lžička česnekového prášku

POKYNY

Tofu rozdrobíme vidličkou. Přidejte zbývající přísady a dobře promíchejte.

Podávejte na sušenkách nebo chlebu.

84. Indická čočková pomazánka

Výtěžek: 2 porce

PŘÍSADA

1 šálek vařené čočky

4 stroužky česneku; lisované

2 lžičky mletého koriandru

1 lžička mletého kmínu

½ lžičky mleté kurkumy

½ lžičky chilli prášek

½ lžičky mletého zázvoru

POKYNY

Smíchejte všechny ingredience v malé pánvi. Vařte na mírném ohni za občasného míchání 5 minut, aby se chutě propojily.

Chlaďte 1 hodinu.

85. Cizrnová pomazánka na sendvič

Výtěžek: 4 porce

PŘÍSADA

1 šálek cizrny; vařené

Česnekový prášek podle chuti

3 lžíce zálivky na italský salát

Sůl a pepř na dochucení

POKYNY

Cizrnu rozmačkejte vidličkou a přidejte koření.

Podávejte na opečeném celozrnném chlebu s hlávkovým salátem a plátky rajčat.

86. Pomazánka z kari fazolí

Výtěžek: 8 porcí

PŘÍSADA

¾ šálku vody

1 cibule; jemně nasekané

1 šálek celeru nakrájeného na kostičky

1 zelená paprika; na kostičky

½ šálku nakrájené mrkve

2 Cl česnek; mletý

2½ lžičky kari

½ lžičky mletého kmínu

1 lžíce sójové omáčky

3 šálky vařených bílých fazolí

POKYNY

Do hrnce dejte vodu a přidejte všechnu zeleninu a česnek.

Vařte za občasného míchání 15 minut. Vmíchejte kari, kmín a sójovou omáčku a dobře promíchejte.

Sundejte z plotny. Přidejte fazole; dobře promíchejte. Směs dejte do kuchyňského robotu nebo mixéru a krátce zpracujte, dokud se nerozseká, ale nezměkne. Chlad.

87. Salátová sendvičová pomazánka

Výtěžek: 4

INGREDIENCE

4 půlky sušených rajčat

1 – [15,5 unce konzerva] cizrna, okapaná a propláchnutá

1 lžička žluté hořčice

1 ½ lžičky horké omáčky

½ lžičky tekutého kouře

1 lžička tahini

½ lžičky čistého javorového sirupu

1 ½ lžičky tamari se sníženým obsahem sodíku

½ lžičky česnekového prášku

¼ lžičky cibulového prášku

¾ lžičky uzené papriky

½ lžičky mořské soli

¼ až ½ šálku nálevu

NÁPADY NA PODÁVÁNÍ:

Strouhaný salát

Nakrájená rajčata

Toustový chléb (nebo wrap)

Okurka nebo okurky

POKYNY

Půlky sušených rajčat dejte do malé misky, zalijte vroucí vodou a nechte 5 minut odležet, aby změkla. Po 5 minutách vyjměte změklé půlky sušených rajčat (vodu vylijte), nakrájejte nadrobno a vložte je do kuchyňského robotu.

Všechny zbývající ingredience vložte do kuchyňského robotu. Několikrát zapulzujte, dokud nebudou všechny přísady rovnoměrně rozloženy.

Volitelné: Vmíchejte scezenou okurku nebo nakrájenou okurku.

Ochutnejte a upravte přísady podle osobních preferencí.

Podáváme na toustovém chlebu nebo v zábalu s trhaným salátem s nakrájenými rajčaty.

88. Tofuna sendvičová pomazánka

INGREDIENCE

8 uncový balíček pečené tofu

1/2 šálku veganské majonézy, nebo dle libosti

1 velký řapíkatý celer, nakrájený nadrobno

1 jarní cibulka (pouze zelená část), nakrájená na tenké plátky

2 lžíce výživného droždí

POKYNY

Rukama rozdrobte tofu do mísy najemno. Nebo můžete tofu nalámat na několik kousků, vložit do kuchyňského robotu a zapínat a vypínat, dokud nebude jemně a rovnoměrně nakrájeno, a poté přemístit do mixovací nádoby.

Přidejte majonézu a celer. Důkladně promíchejte. Vmíchejte jednu nebo obě volitelné přísady. Přendejte do menší servírovací nádoby nebo podávejte přímo z mixovací nádoby.

89. Koriandrová omáčka

Výtěžek: 3 šálky

PŘÍSADA

2 střední cibule, nakrájené na čtvrtky

5 stroužků česneku

1 zelená paprika,

Jádřince, pecky, nakrájené na kostičky

12 Cachucha papriky

Odstopkované a semenné popř

3 lžíce nakrájené červené papriky

1 svazek koriandru

Omyté a odstopkované

5 listů koriandru

1 lžička sušeného oregana

1 šálek extra panenského olivového oleje

$\frac{1}{2}$ šálku červeného vinného octa

Sůl a pepř

POKYNY

Cibuli, česnek, papriku, koriandr a oregano rozmixujte v kuchyňském robotu. Přidejte olivový olej, ocet, sůl a pepř a rozmixujte dohladka.

Opravte koření, přidejte více soli nebo octa podle chuti.

Omáčku přendejte do čistých sklenic. V chladu vydrží několik týdnů.

90. Mexické zelené sofrito

Výtěžek: 1 šálek

PŘÍSADA

2 lžíce olivového oleje

1 malá cibule

Jemně nakrájené (1/2 šálku)

1 svazek jarní cibulky, ořezané

Jemně nakrájené

4 stroužky česneku, mleté

1 zelená paprika

S jádrem, semeny

Jemně nakrájené

$\frac{1}{4}$ šálku koriandru, nasekaného

4 listy Culentro

Jemně nakrájené (volitelně)

$\frac{1}{2}$ lžičky soli nebo podle chuti

Černý pepř podle chuti

POKYNY

Na nepřilnavé pánvi rozehřejte olivový olej. Přidejte cibuli, cibuli, česnek a papriku.

Vařte na středním plameni, dokud nebude měkká a průsvitná, ale ne hnědá, asi 5 minut za míchání vařečkou.

Vmícháme koriandr, petržel, sůl a pepř. vařte směs ještě minutu nebo dvě. Opravte koření, přidejte sůl a pepř podle chuti.

Přeneste do čisté skleněné nádoby. V chladu vydrží až 1 týden.

91. Maso z vepřového masa na mexický způsob

Výtěžek: 1 porce

PŘÍSADA

2 lžíce kmínu; přízemní

2 lžíce česneku; mletý

2 lžíce koriandru; čerstvé, nahrubo nakrájené

2 lžíce černého pepře; čerstvě prasklé

2 lžíce Sůl

2 lžíce bílého octa

2 lžíce Žlutá hořčice

2 lžíce pepře Jalapeno; mletý

2 lžíce olivového oleje

POKYNY

Smíchejte všechny ingredience a dobře promíchejte. Spotřebujte do dvou dnů od přípravy.

Potřete vepřový zadek směsí koření a 1 ½ hodiny kouřte na libru při 240-250F.

92. Zeleninový dip

Výtěžek: 12 porcí

PŘÍSADA

1 hrnek majonézy

1 šálek zakysané smetany

¼ lžičky česnekového prášku

1 lžička petrželových vloček

1 lžička ochucené soli

1½ lžičky koprového semínka

POKYNY

Všechny ingredience smícháme a vychladíme. Nejlépe připravený den dopředu.

Podávejte se syrovou zeleninou: celer, mrkev, okurky, paprika, květák atd.

93. dip z Vallarty

Výtěžek: 16 porcí

PŘÍSADA

6½ unce Konzervovaný tuňák – odkapaný

1 zelená cibule - nakrájená na plátky

3 lžíce pálivé chilské salsy

4 lžíce majonézy

8 snítek koriandru nebo podle chuti

Citronová nebo limetková šťáva

Sůl podle chuti

Kukuřičné čipsy

POKYNY

V misce smícháme tuňáka, cibuli, salsu, majonézu a koriandr. Dochuťte podle chuti citronovou šťávou a solí; ostatní koření upravíme podle chuti. Podávejte s chipsy.

Zelenou cibuli nakrájejte na 1-palcové délky a vložte do procesoru s ocelovou čepelí. Přidejte snítky koriandru a zpracujte 3 až 5 sekund. Přidejte tuňáka, salsu, majonézu, citronovou šťávu a sůl; pulsujte několikrát, aby se spojily.

Ochutnejte, upravte koření a ještě jednou nebo dvakrát pulsujte.

Vyjměte z lednice asi 30 minut před podáváním.

94. Čerstvá bylinková rajčatovo-kukuřičná salsa

VYTVÁŘÍ ASI 31/2 ŠÁLKU

INGREDIENCE

6,10 uncový balíček mražená kukuřice popř

4 klasy čerstvé kukuřice, nakrájené z klasu

1 velké zralé rajče, nakrájené na kostičky

1/2 střední červené cibule, nakrájené na malé kostičky

1 paprička jalapeňo, zbavená semínek a nakrájená na kostičky

3 lžíce balzamikového octa

2 lžíce nasekané čerstvé bazalky

2 lžíce nasekaného čerstvého koriandru

mořská sůl podle chuti

POKYNY

Vše smíchejte ve velké míse a dobře promíchejte.

Nechte 1 hodinu uležet při pokojové teplotě nebo v chladničce, aby se chutě spojily.

95. Guacamole z bílých fazolí

Vyrobí asi 3 šálky

INGREDIENCE

2 lehce zabalené šálky hrubě nasekané/nakrájené zralé avokádo

1 šálek bílých fazolí 1/2 lžičky mořské soli

2-21/2 lžíce citronové šťávy

Voda, zředit podle potřeby

POKYNY

Vložte avokádo, bílé fazole, mořskou sůl, citronovou šťávu a vodu do kuchyňského robotu nebo mixéru a rozmixujte do hladka.

Podle chuti dochuťte solí a/nebo citronovou šťávou.

96. Sladkokyselá pečená paprika

Vyrobí asi 2 šálky

INGREDIENCE

3 červené papriky nebo 2 červené a 1 žlutá paprika

Asi 2 lžíce jemného bílého vinného nebo červeného vinného octa

1 stroužek česneku, nasekaný

1 lžička cukru Sůl

POKYNY

Papriky opečte na otevřeném plameni na plynovém sporáku nebo pod brojlerem.
Papriky umístěte do blízkosti zdroje tepla a během vaření je otáčejte, aby se rovnoměrně rozpálily.
Papriky stáhněte z ohně a vložte do igelitového sáčku nebo do misky. Pevně uzavřete nebo zakryjte a nechte v páře alespoň 30 minut; pára oddělí slupku od dužiny paprik. Papriky mohou být ponechány v sáčku nebo misce až přes noc.
Oloupejte a odstraňte černou spálenou slupku paprik, poté odstraňte stonky a semena. Opláchněte většinu malých kousků černého zuhelnatělého materiálu z masa tak, že je umístíte pod tekoucí vodu a tu a tam je otřete. Pár skvrn zčernalé kůže, stejně jako místa neloupaného pepře, které po nich zůstaly, je v pořádku.

Papriky nakrájejte a vložte do mísy s octem, česnekem, cukrem, velkou špetkou soli a asi 1 lžící vody. Pevně zakryjte a nechte alespoň jeden den vychladit.

97. Čatní-kari hořčice

Dělá ½ šálku

INGREDIENCE

¼ šálku jemné dijonské nebo celozrnné hořčice s 1 šálkem mangového chutney

½ lžičky kari

POKYNY

Vše zkombinujte.
Užívat si.

98. Hořčice se šalotkou a pažitkou

Dělá ¼ šálku

INGREDIENCE

¼ šálku jemné dijonské hořčice

1-2 šalotky, nakrájené nadrobno

2 lžíce nasekané čerstvé pažitky

POKYNY

Vše zkombinujte.
Užívat si.

99. Čerstvá zázvorová hořčice

Vyrobí asi ¼ šálku

INGREDIENCE

2 lžíce jemné dijonské hořčice
2-3 lžíce celozrnné hořčice
1-2 lžičky čerstvě nastrouhaného oloupaného zázvoru, podle chuti

POKYNY

Vše zkombinujte.
Užívat si.

100. Sluncem zalitá hořčice s citrusy

Vyrobí asi ¼ šálku

INGREDIENCE

¼ šálku jemné dijonské hořčice

½ lžičky jemně nastrouhané citronové nebo limetkové kůry

1-2 lžičky čerstvé citronové nebo limetkové šťávy

POKYNY

Vše zkombinujte.
Užívat si.

ZÁVĚR

I když je těžké s tímto jídlem udělat chybu, i když jsou v jeho nejzákladnějších formách, tyto recepty na quesadillu jsou nejlepší z nejlepších.

Od ceviche quesadillas z krevet až po steakové quesadilly s pečeným tomatillem a jablečnou salsou a quesadillas z dýně, jablka a karamelizované cibule, tyto recepty budou navždy tvořit quesadilly jako vaše mexické jídlo.

Užívat si!

www.ingramcontent.com/pod-product-compliance
Lightning Source LLC
Chambersburg PA
CBHW070642120526
44590CB00013BA/826